Teatro no Brasil

Coleção Debates
Dirigida por J. Guinsburg

Equipe de Realização – Apoio à pesquisa com bolsa de iniciação científica do programa pip/Ufop: Bruno Moraes Rogenthal; Edição de Texto: Luís Fernando dos Reis Pereira; Revisão: Adriano Carvalho Araújo e Sousa; Produção: Ricardo W. Neves, Sergio Kon, Luiz Henrique Soares e Raquel Fernandes Abranches.

ruggero jacobbi
TEATRO NO BRASIL

ORGANIZAÇÃO, TRADUÇÃO E NOTAS:
ALESSANDRA VANNUCCI

Título do original italiano:
Teatro in Brasile

Obra publicada com a contribuição
do Ministério das Relações Exteriores da Itália

CIP-Brasil. Catalogação-na-Fonte
Sindicato Nacional dos Editores de Livros, RJ

J16t

Jacobbi, Ruggero
Teatro no Brasil / Ruggero Jacobbi ; organização, tradução e notas Alessandra Vannucci. - São Paulo : Perspectiva, 2012.
(Debates ; 327)

Tradução de: Teatro in Brasile
ISBN 978-85-273-0957-8

1. Teatro brasileiro – História – Séc. XIX. 2. Teatro brasileiro – História – Séc. XX. 3. Teatro – Brasil – História. I. Título. II. Série

12-3705. CDD: 792.0981
CDU: 792(81)

06.06.12 15.06.12 036118

EDITORA PERSPECTIVA S.A.

Av. Brigadeiro Luís Antônio, 3025
01401-000 São Paulo SP Brasil
Telefax: (11) 3885-8388
www.editoraperspectiva.com.br

2012

SUMÁRIO

NOSSO AMIGO RUGGERO

O coração de Ruggero era imenso. Havia lugar para todos: amigos, alunos, atores (velhos e novos), escritores, músicos. A todos acolhia. Sabia ouvir, trocar ideias, aconselhar, consolar.

Mas o que, de fato, adorava, era ensinar, transmitir generosamente aos jovens seu cabedal de conhecimento, adquirido em noites insones em sua juventude e acrescido mais e mais nos anos de maturidade. Foi professor de várias gerações de atores. (Sim, porque, em teatro, a cada cinco anos surge uma geração nova que se distancia da anterior).

Os ensaios com ele se transformavam em aulas, tal a riqueza de informações que nos proporcionava. Ficávamos fascinados ouvindo-o. Pessoalmente, era a pessoa mais doce, carinhosa e amiga que eu possa imaginar. O que não o impedia de tomar atitudes drásticas quando necessário. Não fazia concessões.

Desconhecia a inveja. Aplaudia o trabalho dos colegas, ajudava com sugestões e informações que pudessem enriquecer o trabalho deles, e torcia pelo sucesso de todos os espetáculos.

Quando se tornou crítico de teatro, aguardávamos, ansiosos, sua recensão; sabíamos que ele era, entre todos os jornalistas, aquele que conhecia melhor a soma de trabalho e de esforço empreendidos na criação de uma personagem.

Nunca arrasava com o trabalho de um ator, por mais errado que fosse. Apontava os erros, com bondade, jamais com intuito malévolo.

A amizade que nos unia era grande. Ruggero veio para o TBC (Teatro Brasileiro de Comédia) junto com Sérgio Cardoso, após o término da companhia carioca Teatro dos Doze. Estrearam com grande sucesso em *O Mentiroso*, de Goldoni, até hoje considerada uma das peças mais bonitas e bem dirigidas do repertório tebeciano. Outra direção sua foi um grande sucesso de bilheteria: *Os filhos de Eduardo*, uma comédia ligeira. Foi durante os ensaios que Sérgio e eu ficamos noivos. Ruggero e sua segunda mulher, Carla Civelli, foram padrinhos de Sérgio em nosso casamento, realizado no TBC exatamente um dia depois que a peça, adaptada por Carla e dirigida por Ruggero, *A Ronda dos Malandros*, foi tirada abruptamente de cartaz sem comunicação prévia a nenhum dos dois. Isso provocou a saída dele do TBC e da Cia. Cinematográfica Vera Cruz.

Ao ser entrevistado por Miroel Silveira para o jornal *Radar*, disse, com muita dignidade, que não guardava rancor de ninguém – principalmente dos colegas Celi e Salce que inutilmente tentaram fazê-lo mudar de ideia – mas que decidira acompanhar o destino infligido ao seu trabalho e ia embora do TBC.

Criou outras companhias, dirigiu outras peças, casou com outras mulheres... Três! Declarava, com aquele jeitinho meio ingênuo e meio irônico, que sempre fora um homem de princípios. Quando gostava de uma mulher, as intenções dele eram as mais sérias: pedia-a em casamento.

A quinta mulher, que foi sua aluna, deu-lhe uma linda filha que ele adorava. Eu conheci as duas em Roma, onde Sérgio, eu e Sylvinha, nossa filha, fomos visitá-los. Continuava o nosso Ruggero de sempre; recebeu-nos com carinho, perguntou muito sobre o Brasil. Queria voltar, nem que fosse por uma semana, morria de saudades. Mas o momento político não lhe era favorável, não podia se arriscar.

Morreu muito cedo. Tinha tanto ainda a oferecer.

No Brasil, seu nome está ligado aos jovens do seu tempo. Aqueles que lutaram por um teatro nacional com escritores, diretores, cenógrafos brasileiros, que relatassem o dia a dia do país. Sempre os estimulou a seguir o seu próprio caminho, a não depender mais de diretores estrangeiros, a acreditar em seu próprio potencial.

O resultado está aí. Mais de 150 espaços para representar, só em São Paulo, desde garagens modificadas a salas para grandes musicais com mais de mil lugares. Autores jovens escrevendo peças de sucesso, dirigidas por outros jovens de grande talento. Todo mundo querendo fazer teatro, ler teatro, assistir teatro.

Ele estaria feliz e orgulhoso.

Nydia Licia

PREFÁCIO:
EIS UM ESCRITOR, DIGO, UM HOMEM

Algumas palavras percorrem toda a biografia deste "liguro--veneziano, nascido em fevereiro, em pleno Carnaval de Veneza e destinado a morrer longe de casa – provavelmente, em São Paulo – deixando que se percam as suas cinzas de homem teimoso ao vento do pior século que os homens jamais tiveram"[1]. Uma é *heresia* ("homem teimoso"), que define a anomalia típica de quase todas as etapas de sua jornada humana e intelectual, sempre levemente à margem ou à frente da turma dos colegas. Outra poderia ser *desterro* ("morrer longe de casa"), isto é, exílio voluntário ou forçado pelas circunstâncias, em que a viagem para outra terra é

1. "Bom dia, Mirandolina", programa de *Mirandolina*, de Carlo Goldoni, direção de Jacobbi, cenário e figurinos de Gianni Ratto, com Maria Della Costa, TMDC-SP, julho de 1955. Cf. Alessandra Vannucci (org.), *Crítica da Razão Teatral: O Teatro no Brasil Visto por Ruggero Jacobbi*, São Paulo: Perspectiva, 2005, p. 92.

entendida como categoria cultural, dialética de encontro com o outro, viagem de ideias. Outra ainda é *saudade*, em que nostalgia e lembrança comungam em uma vaga expectativa de futuro ("provavelmente, em São Paulo"). Mesmo assim não há, para o escritor Jacobbi, uma única língua e, sim, um arsenal comunicativo híbrido e plurilíngue em que cada palavra canta a cidade perdida, o lugar da outra língua (francês-português-inglês-espanhol-italiano ou, ainda, "liguro-veneziano"), onde o perpétuo estrangeiro sonha em voltar a se reconhecer, perdendo-se em cinzas, "ao vento do pior século que os homens jamais tiveram".

Fatos Pessoais

Nascido em 1920, em Veneza, de onde partiu ainda bebê, nosso moderno Marco Polo alimentaria para sempre uma melancólica intimidade com cores e sons dos *campielli* e dos canais da primeiríssima infância. Sua formação se deu em Gênova, Turim e finalmente em Roma, onde chegou aos dez anos de idade, destacando-se logo pelo teor engajado de suas contribuições ao jornal dos estudantes do liceu Tasso que tinha como presidente honorário Vittorio Mussolini, filho do *duce*. Ao se matricular na faculdade de Letras em 1937, com dezessete anos, já tinha dezessete publicações, algumas em importantes revistas de literatura. Apresentava-se como crítico "mínimo", inaugurando um apaixonado diálogo poético com os literatos "maiores" (inclusive, por idade) da congregação hermética florentina, diálogo mantido por toda a vida. Serão eles os leitores (exclusivos, por timidez do autor que a eles confia também diversas hipóteses de publicação)[2]

2. Cf. especialmente a correspondência com Oreste Macrì. Cf. O. Macrì; R. Jacobbi, *Lettere* 1941-1981, Roma: Bulzoni, 1993. A "bendita escolha" o apavorava. Julgando-se "quatro ou cinco poetas diferentes", admitia olhar "para estes fragmentos como cacos de um espelho quebrado: em cada caco há alguma coisa de mim, mas não me reconheço em nenhum". Escolheria para si – como o amado Pessoa – "o inédito ou o

da atividade poética *monstre* de Jacobbi de 1940 até a morte precoce, que fez dele um poeta póstumo. De 1937 também é sua resenha ao livro *Sottopalco* (Fora de Cena), então recém-publicado pelo polêmico guru da vanguarda teatral romana, Anton Giulio Bragaglia. É assim que o conhece e se torna seu assistente, a despeito da predileção teórica declarada à linha "textocêntrica" do crítico Silvio d'Amico, que o aproxima (como *outsider*) do grupo de jovens diretores formados na Accademia d'Arte Drammatica – o que não o impede de citar sempre, temerariamente, Bragaglia como "meu ilustre mestre". Lança-se à prática da direção teatral no borbulhante ambiente dos grupos universitários fascistas (GUF) onde, fora do eixo Roma–Milão e à margem das grandes produções, era possível apresentar um repertório ousado de textos contemporâneos, contestando o regime mesmo que sob os seus auspícios.

Herege ou "irregular" – estigma que ganhava então e carregou por toda a vida: Jacobbi, um marxista pacifista na contramão da política de patrulhamento e mobilização nacional para a entrada em guerra; e Jacobbi, um literato "metido" a diretor, um

> poeta de passagem pelo teatro: e depois [admite] esta passagem durou a vida inteira. Ao *meter-me* imprudentemente entre dramaturgo e ator, mais, entre ator e espectador, pude constatar na própria carne qual seja o preço da convivência, o saudável choque da comunicação, o necessário sacrifício do eu, a poderosa dimensão pública de qualquer fato pessoal[3].

Largou a faculdade; vivia metido em teatros ou em reuniões clandestinas, armando a resistência intelectual ao regime – o que resultou em nove meses de cativeiro, descontados em

póstumo como gênero literário" (carta de Jacobbi a Macrì, 15 jan. 1972). O que acabou acontecendo: uma primeira antologia poética veio à luz 25 anos após sua partida: Anna Dolfi (a cura di), *Aroldo in Lusitania e altri libri di poesia*, Roma: Bulzoni, 2006.

3. Jacobbi apud Luciana Stegagno Picchio, Introduzione, em L. Stegagno Picchio; A. Vannucci, *Brasile in scena*, Roma: Bulzoni, 2004.

1943 no cárcere de Regina Coeli, sob acusação de comunismo em plena ocupação nazista de Roma. Guerra finda, eis o nosso artista com 23 anos, casado com uma estudante de filosofia cuja alcunha era *la rossa*; conhecido boêmio; uma lenda entre os amigos por causa da espantosa erudição em teatro, poesia, literatura estrangeira; e diretor teatral de algum talento (havia ao menos lançado uma futura grande atriz, Anna Proclemer). Destacava-se como debatedor, instigante, elegante, teimoso e onipresente, entre Roma e Milão, sem perder de vista as províncias, onde a reconstrução da República se fazia também nos tablados e, vice-versa, a reforma cênica ia se perfilando em seus moldes democráticos ou, melhor, grupais. Grupos de amadores (*filodrammatici*) entendiam sua autogestão de pequenas salas (*piccoli teatri*) como um serviço público; jovens intelectuais e artistas, com os bolsos vazios e a cabeça cheia de projetos, eram convocados para dirigi-los.

Desta "turma de diretores" que emerge da segunda guerra com pouco mais de vinte anos e revoluciona a cena moderna italiana nas décadas seguintes, Jacobbi está entre os primeiros (com Vito Pandolfi e Luchino Visconti, já um pouco mais velho) a empreender atividades declaradamente socialistas, como a organização a convite do CNL (Comitê de Libertação Nacional) da primeira companhia dramática da Itália liberada, que estreia em 1944 no Teatro Quirino, em Roma. No ano seguinte, a convite das associações dos trabalhadores reunidas sob a denominação Iniziativa Socialista, Jacobbi apresenta ao ar livre, em Milão, uma série de adaptações populares de clássicos da literatura. Sua anomalia é seminal. No inverno de 1946, amadurece, com Paolo Grassi e Giorgio Strehler, um debate fundamental sobre a possível função orgânica de intelectuais e artistas na nova Itália democrática que contagia a cidade e levará, em menos de um ano, à inauguração do Piccolo Teatro de Milão, primeiro teatro público "estável" a serviço da população e sob os auspícios da prefeitura socialista. Mas Jacobbi naquela altura já está no Brasil. Anos depois, saudoso daquele inverno de 1946 em que sua geração sonhou o futuro da nação, lembrará a estreia de *Nick Bar* em Milão, estrelado por Vittorio De Sica, dirigido por Adolfo Celi, com cenário de Gianni Ratto: "uma canção de misérias e gloriosas esperanças do homem, canção de gente pobre, como nós éramos, de gente que vivia entre teatros e botecos, como nós vivíamos, à sombra de duas guerras, como nós estávamos e ainda estamos"[4].

Assim, 1946 foi para Jacobbi o ano da partida. Nunca quis contar as razões concretas de seu improvisado desterro que se tornou destino. Seguiu talvez a intuição de que "a aventura da modernidade cênica na Itália estaria entrando em uma fase de estabilização organizada, alheia à sua sensibilidade"[5] e que em outro território, do outro lado do oceano fabulosamente imaginado como as antípodas e não contaminado pela barbárie europeia do "pior século", ele poderia reencontrar aquela virgindade de emoções necessária, antes, ao seu anseio de renovação e logo, ao reflorescer do legado humanista massacrado pela guerra. Neste horizonte mais aberto em que o "novo mundo" exibia uma vocação civilizadora de "segunda Europa", onde talvez seguisse a herança do milênio, Jacobbi percebia sua presença intelectual como uma anomalia possivelmente orgânica: estrangeiro, pioneiro, explorador... Um mestre, talvez. Explica muitos anos depois:

> Quem teve a paciência de ficar, não teve a extraordinária experiência que tivemos [...] Na Itália, fazer um teatro baseado numa relação estreita com a realidade social não era fácil. Também não no Brasil, onde havia a censura do Marechal Dutra. Mas [aqui] era possível fazer experiências técnicas, de direção, criação e lançamento de uma nova geração de atores, um novo estilo de cenografia. Coisa que na Itália era muito mais difícil, porque tudo isso já existia. [...]

4. "O Bar da Esquina", programa de *Nick Bar*, direção de Adolfo Celi, cenário e figurinos de Aldo Calvo e Bassano Vaccarini, com Cacilda Becker, Abílio Pereira de Almeida, Maurício Barroso, TBC-SP, junho de 1949.

5. Claudio Meldolesi, *Fondamenti del teatro italiano*, Firenze: Sansoni, 1984, p. 27.

A impressão que nós tivemos no Brasil é de que tudo, ou quase tudo, estava ainda por fazer; que nós podíamos ser, não somente os continuadores de uma tradição, mas também os criadores de uma coisa nova. Contudo a viagem foi, como sempre, ocasional[6].

Viagens, Como Sempre, Ocasionais

Aportou ao Rio de Janeiro às vésperas do Natal. Seu nome está no elenco (como ator, em falta de um crédito específico de "diretor") da primeira companhia italiana a atravessar o oceano após o fim da Segunda Guerra, reabrindo a batida rota intercontinental dos grandes atores (*mattatori*) e da ópera lírica, que somente a forçada inimizade bélica pudera suspender[7]. A nação acabava de sair do golpe que depôs o ditador Getúlio Vargas e vivia as eleições que levaram o Marechal Dutra, admirador de regimes totalitários, à presidência da IV República. A este governo americanófilo e anticomunista, seguiu o segundo mandato, progressista e nacionalista, de Getúlio (1950-54), as consequências imediatas do seu suicídio e o quinquênio desenvolvimentista (1956-61) sob a guia de Juscelino, culminando na mudança da capital para Brasília.

Nestes anos, Jacobbi foi crítico, autor, jurado, professor[8] e diretor de teatro, cinema e TV. Fundou ou participou de quase todos os conjuntos teatrais (Teatro do Estudante, Teatro dos Doze, Teatro Popular de Arte, Teatro Brasileiro de Comédia, Companhia Maria Della Costa, Nydia Licia – Sérgio Cardoso, Teatro Cacilda Becker, Teatro Paulista de

6. Apud Maria de Lourdes Rabetti, *Contribuição para o Estudo do "Moderno" Teatro Brasileiro: A Presença Italiana*, 1989, Tese de doutorado em Ciências Humanas – História Social das Ideias, USP, São Paulo, 1989, p. 324.

7. Tratava-se da companhia de Diana Torrieri e Raffaele Pisu. Alberto d'Aversa consta na ficha técnica como assistente de direção.

8. Em São Paulo, ensina na EAD, no Centro de Estudos Cinematográficos, no MAM e no seminário de Dramaturgia do Arena. Em 1958, funda o primeiro Curso de Arte Dramática na Universidade Federal de Porto Alegre. Para uma biografia completa, ver Berenice Raulino, *Ruggero Jacobbi*, São Paulo: Perspectiva, 2002.

Estudante e Teatro de Arena) que, naquela década, buscavam renovar a cena nacional conduzidos por estrangeiros, a maior parte oriundos da "turma de diretores" italianos à qual ele pertencia. Deixou o país em 1960, um dia antes da posse de Jânio Quadros, sob a pressão de forças, no seu caso, nem tão ocultas. Havia sido preso pelo Dops (Departamento de Ordem Pública e Social) uma vez já em São Paulo, em setembro de 1956, quando deixou à esposa Daisy (Santana) um bilhete deste teor: "Hoje interrogado por cinco horas seguidas. Amanhã na hora do almoço, se eu não tiver aparecido, liga para o rádio". Sua iminente expulsão, autorizada pelo Conselho de Segurança Nacional por "atividades nocivas ao regime"[9], havia provocado um levante de artistas (encabeçados por Cacilda Becker e Paulo Autran) e colegas jornalistas. A diretoria da ACPT expressara "estranheza", negando ter conhecimento de "qualquer atitude subversiva tomada pelo acusado [...] nem pronunciamento político"[10]. Era acusado de ter pertencido ao Partido Comunista italiano, de ter colaborado com o jornal comunista *L'Unità*, de ter tido prisão decretada em 1943, na Itália, por "atividades subversivas" e finalmente de ter "assinado manifestos comunistas, inclusive o de Viena, aqui e no estrangeiro"[11]. Referiam-se, provavelmente, à adesão de Jacobbi, junto a Paschoal Carlos Magno e milhões de cidadãos mundo afora, aos apelos do Conselho Mundial da Paz contra a Guerra Fria. Para participar desse movimento de resistência pacifista, Jacobbi havia viajado à Europa por um mês apenas (em 1955) em quatorze anos de desterro brasileiro. De volta ao Brasil, mudou-se para Porto Alegre. Às vésperas do Natal de 1959, após cruzar com amigos aos quais pareceu "muito aflito, nervoso, agitado"[12], embarcou para a Itália sem tempo de despedir-se, com a esposa

9. O Caso Jacobbi, *Última Hora*, São Paulo, 5 set.1956.
10. Idem.
11. *Tribuna da Imprensa*, Rio de Janeiro, 21 set.1956.
12. Sérgio Brito, Entrevista Concedida à Autora, Rio de Janeiro, 21 jul.1996.

grávida de sete meses. A primeira filha (Paola) nasceu em Milão, em 1960.

Não é o único fruto concebido por Jacobbi no Brasil que vê a luz na Itália. Com seu extraordinário léxico antropofágico (dono de todos os registros, as gírias, os sotaques) e sua sedução anedótica (de quem viveu as pessoas, as peças, o público, as fofocas) ele se torna, de imediato, uma espécie de "embaixador informal"[13] do Brasil na Itália. Daquele país conhecido e amado, como fora por Giuseppe Ungaretti, para além do limite da dor, se faz privilegiado tradutor, da poesia em primeiro lugar. É sua, de 1960, a primeira antologia poética brasileira publicada na Itália, *Lirici brasiliani dal modernismo ad oggi* (Líricos Brasileiros do Modernismo Até Hoje), com traduções em parceria com Ungaretti[14]. É ele o especialista em assuntos luso-brasileiros para revistas, jornais e as maiores enciclopédias[15]. Muito trabalho noturno fica na gaveta. Os dez mil versos recriados em italiano da *Invenção de Orfeu*, de Jorge de Lima, teriam lhe tomado as noites desde 1952 – confessa – "quase uma vida inteira". A segunda vida – noturna, íntima – do poeta que sofria de uma implacável insônia[16].

E tradutor de teatro. Mas qual teatro? Com Shakespeare, O'Neill e Bernard Shaw do inglês, Lope de Vega e

13. Segundo feliz definição em seu perfil na Enciclopédia do Itaú Cultural.

14. R. Jacobbi, *Lirici brasiliani dal modernismo ad oggi,* Milano: Silva, 1960. Organiza e traduz também *Poesia brasiliana del* '900, Ravenna: Longo, 1973; a obra de Murilo Mendes, *Poesie*, Milano: Nuova Accademia, 1961; *Le metamorfosi,* Firenze: Lerici, 1964; *Poesia libertà*, Milano: Accademia-Sansoni, 1971; e de Jorge de Lima, *Invenção de Orfeu/Invenzione di Orfeo*, Roma: Abete, 1982.

15. Redige praticamente todos os verbetes nessa área para a *Grande Enciclopedia D'Agostini*, a *Enciclopedia dello Spettacolo*, o *Dizionario Enciclopedico* da Utet e a atualização de 1979 da *Enciclopedia Italiana Treccani*.

16. A poesia está saindo aos poucos. Além do já citado *Aroldo in Lusitania*, temos *Quaderno brasiliano e poesie scelte,* Roma: Fermenti, 2010. Um enorme acervo de contos e fragmentos de romances, em parte escritos nos anos brasileiros e inéditos, ou publicados em jornais da época, foi doado pela família ao Archivio Contemporaneo, do Gabinetto Scientifico Letterario G. P. Vieusseux, em Florença. Para uma bibliografia brasileira completa, ver A. Vannucci (org.), op. cit., p. 245-279.

Benavente do espanhol, Molière do francês[17], quais autores ele escolheria para figurar de "clássicos" da literatura dramática brasileira em português? Aparentemente, não há um denominador comum entre Augusto Boal, Guilherme Figueiredo, Dias Gomes e Pedro Bloch – nem a ideologia, nem o estilo, nem o registro linguístico – que não seja certo "faro" de diretor que comunga duas culturas e se faz promotor de um diálogo possível entre duas modernidades em cena[18]. Uma prepotente vocação "performática", digamos, uma arte do possível, faz da leitura/tradução de Jacobbi algo indissolúvel de sua inteligência de diretor que corta, adapta, sintetiza, recompõe para a cena. Ousado em sua redução de qualquer ato poético à essência pragmática de *poiesis*, o poeta Jacobbi mergulha no teatro para devolver o momento da criação à ação, para daí em diante, repensar a função da própria poesia.

Como crítico, se interessa principalmente pela civilização do espetáculo: ao teatro como fato e ato (f/ato) da cultura[19]. É de 1961 este assombroso livrinho *Teatro in*

17. R. Jacobbi, *Quattro testi per il teatro: Traduzioni da Shakespeare, Lope de Vega, Molière*, Roma: Bulzoni, 2003.

18. Nem todos foram montados. Com direção de Jacobbi, dois atos únicos de Pedro Bloch, intitulado *Racconti di Copacabana* (Contos de Copacabana), pela Compagnia del Teatro Italiano Moderno, em Florença e Roma, em 1972; e *O Pagador de Promessas* de Dias Gomes, com o título *Il Pellegrino del Nordest*, no XXVII Festival del Teatro di San Miniato, em 1973. Quanto a Boal, *Revolução na América do Sul* foi traduzida em 1960 para montagem prevista no Teatro Stabile di Genova, mas somente será de fato encenada em maio de 1971, por um grupo de jovens ligados ao mesmo Stabile, no Teatro di Piazza Marsala, e pelo Teatro del Giglio de Lucca, no ano seguinte.

19. O gigantesco arsenal da obra crítica é publicado, em boa parte, póstumo, na Itália. Após *L'Avventura del Novecento*, Milano: Garzanti, 1984, que lançou Jacobbi de uma vez no empíreo dos mais importantes críticos literários do século, a lacuna vem sendo preenchida na última década, ao ritmo de um livro por ano, graças ao trabalho da professora Anna Dolfi e sua equipe de jovens pesquisadores e pesquisadoras da Universidade de Florença: *Le rondini di Spoleto*, Trento: La Finestra, 2001; *Maschere alla ribalta: Cinque anni di cronache teatrali* 1961-1965, Roma: Bulzoni, 2002; *L'Italia simbolista*, Trento: La Finestra, 2003; *Ruggero Jacobbi e la Francia: Poesie e traduzioni*, Firenze: Società Editrice Fiorentina, 2004; *Lettere a Ruggero Jacobbi*, Firenze: FUP, 2007; *Jacobbi alla radio: Quattro trasmissioni, tre*

Brasile[20] que Sábato Magaldi, em 1962, cita como "a mais completa e aguda síntese crítica sobre a atividade cênica nacional"[21] e que hoje se encontra há muitos anos esgotado na Itália, pela primeira vez editado em português. Nele o autor que se dizia – com seu irônico léxico ítalo-paulista – *teatrólogo* e *teatrómano*, não somente mostra ter realizado a missão alardeada, de "leitura metódica e analítica de todo o repertório dramático brasileiro"[22], mas fundamenta-a em um enredo ininterrupto de fatos da tradição do espetáculo: desde seu aparecer híbrido e pós-moderno *ab origine*, na catequese jesuítica e no melodrama "amulatado" à Corte, amadurecendo através da nacionalização romântica da dramaturgia (em sua veia cômica, com Martins Pena, e trágica, com Gonçalves Dias); passando por mil anedotas à prova do amplo consumo de gêneros musicais na *belle époque* carioca e, por outro lado, ilustrando a culta lição modernista de 22, em

conferenze e un inventario audio fonico, Firenze: FUP, 2008; *Prose e racconti: Inediti e rari*, Firenze: FUP, 2008; *Faulkner e Hemingway: Due Nobel americani*, Firenze: FUP, 2009. Para uma bibliografia geral, incluindo a brasileira, ver A. Vannucci, Bibliografia generale e brasiliana, em A. Dolfi (org.), *L'eclettico Jacobbi*, Roma: Bulzoni, 2005, p. 243-276. Este último é um precioso registro de atas de uma memorável jornada dedicada, em 2002, a Jacobbi, da qual brotou essa rica safra de publicações. Dez anos depois, o ritmo aumentou, com dois volumes monográficos: de Francesca Bartolini e Cecilia Bellini, *Jacobbi: Teatro e mass-media negli anni sessanta e settanta*, Roma: Bulzoni, 2012; e, de Anna Dolfi, *Jacobbiana*, Roma: Bulzoni, 2012.

20. R. Jacobbi, *Teatro in Brasile*, Bologna: Cappelli, 1961. Republicado em edição fac-similar por Trento: La Finestra, 2004. No âmbito da historiografia teatral brasileira, Jacobbi também é autor de *Teatro portoghese e brasiliano*, AA.VV., *Il teatro contemporâneo*, Milano: Lucarini, 1980; e de artigos, como Il teatro di Pirandello in Brasile, *Annali del Congresso Internazionale di Studi Pirandelliani*, Firenze: Le Monnier, 1967; e La letteratura drammatica in Brasile, *Annali dell'Istituto Universitario Orientale*, Napoli: Università di Napoli, 1961. O citado *Crítica da Razão Teatral*, coletânea de artigos e ensaios publicados no Brasil, vem sendo utilizado como fonte historiográfica para o estudo do teatro brasileiro.

21. S. Magaldi, [1962], *Panorama do Teatro Brasileiro*, Rio de Janeiro: MEC/Funarte, 1997, p. 273.

22. Como prometeu à amiga Luciana Stegagno Picchio. Cf. L. S. Picchio, Introduzione, em L. S. Picchio; A. Vannucci, *Brasile in scena*, p. 10.

que somente Oswald de Andrade tentou imprimir algum traço de modernidade teatral. Aporta, enfim, à década da *renovação* da qual o autor revela ser um dos protagonistas reais para os desinformados leitores italianos. É a eles que Jacobbi dirige-se ao longo do texto inteiro, no tom cúmplice de quem visa captar-lhes a confiança antes de repovoar um território geralmente entupido de lugares-comuns.

> Estou praticamente certo [escreve no Prefácio, contemporâneo, de *Lirici brasiliani*] que o intelectual italiano médio sabe pouco, pouquíssimo do Brasil e o confunde com uma categoria extremamente nebulosa chamada América Latina. À qual vem colada uma sugestão de espanholismo, que não tem nada a ver com o Brasil onde até a literatura da vizinha Argentina é quase totalmente ignorada enquanto a francesa e norte-americana estão na boca do povo. Junta-se, talvez, a isso a ideia dos generais de *opereta* e das revoluções seriais, que no Brasil nunca aconteceram. Tomara que venha à mente Carmen Miranda com seus turbantes recheados de bananas, cantando *la samba*; mas os turbantes são obra de figurinistas da Hollywood e *o samba* é masculino em sua essência. [...] E finalmente se presume que a língua lá falada (uns ou outros lembram ser o português) seja a mesma da pátria europeia, [...] enquanto trata-se hoje de uma língua *toto coelo* diferente, com uma independência de vida justamente à literatura; a qual veio absorvendo com enorme sensibilidade os legados populares que, entretanto, não são dialetais porque no Brasil apesar das gigantescas distâncias, não há idiomas regionais mas, sim, sotaques e ritmos diversos; de modo que a invenção de uma nova língua literária equivalente à falada passou justamente pela descoberta de um vernáculo válido para todos[23].

Por onde começar, pergunta-se então Jacobbi, quando se trata de uma cultura teatral e literatura dramática desconhecida, em uma língua desconhecida, de um país desconhecido? Pelo testemunho da experiência humana verdadeira da viagem, é claro. Que de ocasional se faz, por consequência, uma "viagem de ideias", capaz de comungar meridianos culturais e traçar sínteses fulminantes entre autores, gêneros, enredos e fatos pessoais que se esclarecem em poucas linhas

23. R. Jacobbi, *Lirici brasiliani...*, p. XI.

como atos da cultura. Ele escolhe um registro de historiografia presencial e subjetiva para uma arte cuja dimensão de obra viva faz com que cada ideologia ou ideia autoral se constitua em personagem, conduta, ação; uma arte em que conteúdo é forma, linguagem é mensagem; uma arte que contém a própria vida, por vezes até mais dramática. As intermitências biográficas (e autobiográficas) induzem à interpretação e ao diálogo crítico, pontuam as passagens de uma hermenêutica não classificatória nem normativa, mas inclinada à total extroversão, em que um espectador/crítico/criador/leitor competente e incansável abre espaço (tridimensional, como cenas) à sua necessidade de compreender e fazer compreender o quanto, no teatro, mesclam-se natureza e cultura, invenção e influências, emoção e racionalidade, poesia e povo; mundo sagrado e mundo profano. Teatro como fenômeno ao mesmo tempo espiritual e real: um conjunto de ofícios teórico-práticos (poesia, direção, cenografia, figurinos, música, iluminação) que misteriosamente encarna-se em um instante único e embevecido de vida: o momento da comunhão entre atores e espectadores.

O fio de Ariadne com o qual Jacobbi guia o leitor no labirinto é esse nexo entre transcendência e imanência, própria do teatro com de qualquer liturgia ou *religio* no sentido de rito capaz de *re-ligare*, isto é, reconectar e dar força às formas, sentido aos símbolos, memória às paisagens. Os parágrafos de abertura do livrinho (que o autor, em carta de 1961 ao amigo Macrì, auspicia "vivo o suficiente")[24] tentam declinar a *religio* da viagem, explicando a geografia com sua vivência e acoplando "paisagem plástica" e "paisagem interior" para dar conta da "imagem do Brasil". No caso de Jacobbi, foi paixão à primeira vista, contágio, visão fulgurante: "No mapa, o país é desmedido. Como também o é na mente, na consciência, na memória"[25]. E mais adiante: "O estrangeiro que chega é cercado por uma onda de música,

24. O. Macrì; R. Jacobbi, op. cit., p. 106-112.
25. Ver infra, p. 73.

entusiasma-se e dificilmente entende, não consegue fazer distinções. [...] A aura fantástico-social do país é toda musical, o sentimento nacional estoura em fluxos de música."[26]

Paisagem plástica e interior, imanência e transcendência se entrelaçam na "religiosidade" que Jacobbi aponta como "característica fundamental" deste Brasil todo ritmo, rito e natureza, poesia de puro amor e pura dor, nação mestiça, carismática, pré-moderna e ao mesmo tempo pós-moderna; pois sua religião hospeda também uma fé vertical e irracional no progresso, um lance desmedido rumo ao futuro.

> Perambule por São Paulo, atordoado pela alteza dos arranha--céus, pelo ruído dos carros, pelo ímpeto vertiginoso dos viadutos que interligam lá no alto, estradas e praças, debruçando-se sobre grandes avenidas frenéticas. Em cada edifício, séries de elevadores sobem e descem sem parar: à noite, milhares de janelas o cravejam; se você contá-las, para tentar entender quantos apartamentos, quantos escritórios cabem em um só edifício [...] é de ficar tonto[27].

A aventura desmesurada do Brasil, "no mapa" como também "na memória" que a distância impõe, quando em 1961 Jacobbi escreve, funde-se com a eleição, desde a adolescência, do teatro como ritual estético que ilumina a vida, como lugar sagrado da civilização humana (antitético e complementar ao lugar de culto) onde também se *religam* espírito e matéria, projetos e realidade, história e percepção do porvir. Viajante humanista e curioso, Jacobbi intui imediatamente que sua viagem para o outro lado do oceano é também uma "longa viagem para dentro do teatro do século"[28] – como anuncia à plateia da Sbat, em 1948, recém-

26. Ver infra, p. 80-81.
27. Ver infra, p. 75-76.
28. Publicamos neste volume a versão original da palestra, em 22 páginas datilografadas [325 x 220 mm], com título *Lungo viaggio dentro al teatro*, parte em italiano e parte em português, com correções, título, assinatura e a nota constando "Rio de Janeiro, 26 jul.1948". Uma versão cortada saiu em português com o título: A Direção: Texto e Espetáculo, *Revista de Estudos Teatrais*, São Paulo, n. 1, abr. 1958, Federação Paulista dos Amadores Teatrais.

-chegado no Rio de Janeiro, em um português já requintado mesmo que se apoie no original, em italiano.

> Desculpem, mas eu sei falar apenas da minha vida. Espero que isto me dê, pelo menos, a possibilidade de ser sincero. [...] Agora sei com maior clareza qual era a mais profunda razão de meu apego à ideia de espetáculo: a esperança, meus amigos, de encontrar alguma esquecida comunhão entre um e muitos, entre estes e aqueles, entre todos os que estavam perdidos nas angustiadas solidões do homem moderno e da arte que este produz. Queria saber, ver e tocar com as mãos esta possibilidade: [...] *um espetáculo*, isto é, alguma coisa na qual o que é de todos aparece aos olhos de todos e para todos, celebra-se [...] Se isto é possível, pensava eu, existe um ponto de apoio. Uma sociedade, uma coletividade, um mundo: alguma coisa à qual cada um sente pertencer. Esta preocupação, muito mais do que outras puramente estéticas ou técnicas, empurrava-me sem volta no caminho do espetáculo. [...] Mas à ideia do espetáculo, uma arte feita no meio do povo, à ideia do poema que vai pra rua, a esta eu não poderia mais renunciar[29].

De um lado, Jacobbi percebe, desde o começo, sua singular missão no caminho do espetáculo e rumo ao Brasil como uma viagem entre velho e novo (novo mundo, novo tempo, novo teatro); sente-se portador de uma conduta mais orgânica do que anômala, que viria a fazer sentido para todos em um futuro não distante. De outro lado, a abrupta interrupção da aventura brasileira, quatorze anos mais tarde, quando, com menos de quarenta anos, é o mestre da geração de vinte, parece condená-lo ao destino do exilado. Da longa viagem, permanece uma sensação de desterro eivada de saudades e de solitárias "paisagens interiores". Sente-se, inicialmente, estrangeiro na própria pátria, "como se tivesse nascido ontem"[30], mesmo que seja acolhido em sua turma de origem com lealdade de mosqueteiros (*tre eravamo e tre resteremo*, é a resposta de Paolo Grassi, selada por um *d'accordissimo* de Giorgio Strehler, à carta de 1959 em que Jacobbi avança a

29. Ver infra, p. 51-52.
30. Correspondência inédita Jacobbi-Grassi, Fundo Jacobbi, Gabinetto Vieusseaux.

possibilidade de seu reingresso nos quadros do Piccolo Teatro de Milão, treze anos depois de sua fundação)[31].

Enfim, se nos primeiros anos após o regresso Jacobbi empenha-se em divulgar a cultura brasileira é também para somar (não perder ou subtrair) o legado da experiência vivida à sua própria biografia; integrar a sua missão de viajante à memória coletiva da geração, devolver o sentido da aventura brasileira à história da "longa viagem para dentro do teatro do século".

> Posso dizer que a parte mais importante da vida de um homem, eu a vivi no Brasil. Sendo então jovem, eu tinha alguma coisa a ensinar. Humanamente, porque vinha da experiência da guerra, da resistência ao nazismo, e tecnicamente, porque eu tinha levado o meu aprendizado teatral muito a sério. Mas tinha muitíssimo a aprender, que eu aprendi no Brasil[32].

Brasil e teatro haviam se unido indissoluvelmente[33] para aquele que aprendeu a não esquecer as emoções, os clamores, as pequenas descobertas e os encontros, enfim os fatos da vida, que estão por trás e iluminam a "imagem" das coisas. É o segredo da sensibilidade concreta de sua crítica, atenta não só ao texto, aos atores, ao estilo da encenação e da execução de música e cenário, mas, principalmente, ao "palco", no sentido vivo de tablado, com sua poeira, rangidos, tábuas quebradas e remendadas, testemunhas dos milhares de encontros únicos, que somente nele ocorreram, entre artistas e plateia; palco como registro enciclopédico de uma específica civilização teatral.

O exercício da crítica se alimenta da observação concreta de quem "faz teatro e com seu fazer propõe continuamente aqueles problemas que a teoria não pode prever, mas que desafiam e continuamente revolucionam nossas

31. Idem.

32. R. Jacobbi, [10 mar.1981], São Paulo: TV Cultura, Entrevista Concedida a Julio Lerner [Roma, 1981].

33. Como nota Anna Dolfi, Prefazione, em R. Jacobbi, *Maschere alla ribalta*, p. 14.

perspectivas teóricas, à medida que aparecem"[34]. É o seu método, sua mentalidade antidogmática, *orgânica* (seja no sentido gramsciano, seja no sentido fisiológico), sua inteligência engajada na perpétua ginástica de construção e desconstrução de sistemas teóricos criativos, no desafio de dar conta de todos os *possíveis* fatos em campo, assumindo o risco da anomalia e a audácia das sínteses.

Dessa inquietude de Jacobbi emerge a intuição essencial. O antigo literato, precavido dos perigos do solipsismo intelectual e contagiado pela magia coletiva do palco, sonha com uma arte "impura", cravada na vida e na história, capaz de transforma-la. Uma arte capaz de religar espírito e realidade pelo caminho do *possível*. O anseio de comunicá-la evoca, no fim da palestra com que inaugura sua "longa viagem", um inspirado autorretrato dialógico e bilíngue, onde ao irredutível hegeliano responde o viajante compulsivo ("tese, antítese, síntese [...] precisava pôr ordem nas ideias... aí, eu viajava...") e diante de um desiludido Jacobbi italiano surge um Jacobbi brasileiro, positivo e pioneiro.

> Nel 1945, io viaggiavo per l'Italia, correndo a rivedere, dopo il tempo buio dell'oppressione, le città del Nord finalmente libere. Incontravo ad ogni passo brandelli e il sangue della nazione convulsa, frammentata, ancora fumante di disastri. Vedevo gente andare e tornare per le vie ingombre e per le poche case. E pensavo: qualcosa bisognerà fare pure per loro. Che avremo da dire a loro, noi gente di teatro? Il teatro non può fare a meno dell'uomo, di tutto l'uomo, ed esalta la sua presenza dentro i suoi stessi mali. Non sarà venuta l'ora di buttare a mare il nostro intellettualismo, le nostre superstizioni estetiche e di andare in cerca del linguaggio di tutti?
>
> Aí, o hegeliano surgiu e disse friamente: "Calma, meu filho. Você não pode escapar a si mesmo. [...] Nós não somos sequer os primeiros de amanhã: somos, apenas, os últimos de ontem. Continue sendo o que é: velho e novo, antigo e futuro."
>
> "Que é que eu devo fazer, então?", perguntei.

34. Jacobbi apud L. S. Picchio, Introduzione, em L. S. Picchio; A. Vannucci, *Brasile in scena*, p. 11.

"Faça o possível, respondeu. Faça todo o possível"[35].

Mesmo com a intensíssima atividade de tradutor, conferencista, professor e diretor, a partir de 1961, diretor artístico do Piccolo Teatro[36] e professor da Scuola d'Arte Drammatica que inicia no Piccolo; a partir de 1962, novamente cindido entre Milão e Roma onde colabora com a RAI e com a página teatral do cotidiano *L'Avanti*, Jacobbi não resiste ao apelo de sua segunda pátria lusófona. Em agosto de 1966, larga tudo e se muda para Porto onde será "encenador, diretor artístico, professor" no Teatro Experimental, com um contrato de dez meses que a polícia política de Salazar reduz a noventa e quatro dias e 48 horas, sendo este o prazo imposto para deixar o país, sob imputação de subversivo[37].

Brasileiros em Cena

Para concluir [o volume *Teatro no Brasil*] vou lembrar, a título simbólico, um fato pessoal. Recentemente, tenho me divertido ao escrever um romance ambientado no Brasil. Bem, as minhas personagens vão muito ao teatro, discutem o teatro, fazem paralelos entre as recordações de suas vidas e os eventos teatrais. Se eu tivesse escrito um romance ambientado na Itália atual, uma coisa similar jamais me viria à cabeça. Esse é o melhor elogio que eu posso fazer ao jovem teatro no Brasil; e é o resultado espontâneo de uma verdade que não admite discussão: este teatro, com todos os seus defeitos, pertence radicalmente ao processo democrático, à ação de autolibertação de um povo[38].

35. Optamos, aqui, por preservar a mistura de italiano com português presente na edição original. Ver infra, p. 68-69.
36. Onde inicia, em 1963, a experiência do *decentramento* (deslocamento do melhor repertório nas periferias urbanas, com entrada franca), uma das mais bem sucedidas políticas culturais da década, aplicada pelos maiores Teatri Stabili do país.
37. Ver decreto de expulsão e correspondência com João Maia. R. Jacobbi, *Lettere a Ruggero Jacobbi*, p. 119-120.
38. Ver infra, p. 170.

Diz quem o conheceu que para Jacobbi "falar de História significava contá-la em voz alta e corpo inteiro, recontá-la, como se faz com os enredos dos filmes ou de um romance: encená-la para os amigos"[39]. Ora, quando no espetáculo de sua vida já fechou a cortina, o palco está cheio de baús, figurinos pendurados, chapéus, coturnos e narizes postiços, roteiros amarrotados e velas acabadas. Este livro de 1961, com a condescendência do leitor contemporâneo que perceberá os limites de seu inevitável anacronismo, visa resgatar a voz esquecida, distante no tempo e no espaço e, por vezes, na contramão das opiniões hoje dominantes, desse "mestre inquieto". Valorizando a distância, com a lucidez que às vezes comporta, o livro visa relançar sobre o panorama (hoje bem mais completo) dos estudos sobre a história do teatro no Brasil, sua perspectiva peculiar – *desterritorializada* – de migrante voluntário, de ser humano em trânsito, de atravessador de fronteiras. Suas audácias, sua saudade e heresias.

O cenário que Jacobbi apresenta é de uma cultura polarizada dentro do território do romantismo ("porque o país surgiu de sua independência material e moral no tempo do romantismo, e esta é toda sua tradição")[40]: por um lado "um lirismo solitário, eivado de misticismo panteísta" e por outro "um espírito gregário". Arraigado na obsessão tipicamente colonial e latino-americana pela imagem (o resíduo barroco, a marca da retórica da Igreja Católica), o fantasma romântico torna-se categoria avassaladora do senso estético, já que, por outro lado, no Brasil, "o iluminismo setecentista não se manifestou" e o país se manteve, assim, "singularmente desprovido de coordenadas filosóficas".

A cultura negra também interferiu, com sua mitologia assombrosa, seus ritos, suas conversas com o além. Sendo assim, a presença da natureza e o pensamento da morte, naturais àquela pai-

39. A. Dolfi, Premessa, em A. Dolfi (a cura di), *Diciotto saggi su Ruggero Jacobbi*, Firenze: Vieusseux, 1984.
40. Ver infra, p. 78.

sagem e clima originário, se interligaram já na base. O sincretismo religioso tomou então suas formas mais bizarras. Uma onda de afetação victor-huguiana varreu e misturou todos estes elementos. Depois houve o positivismo, mas logo ao lado veio o espiritismo [...]. Vitória, sempre, da irracionalidade[41].

Grande derrotado por esse "romantismo religioso que embasa tudo" é o "sentimento da História, que é tão essencial para nós [europeus]" [42].

É na arte brasileira, especialmente nas artes cênicas, que Jacobbi localiza o dispositivo crítico capaz de pôr em crise aquelas bases, mesmo que *indiretamente*: uma espécie de boia para o pensamento no mar dos absolutos. Pois, se no âmbito das letras a Independência inaugura e incentiva o gosto nacionalista como "primeira dialética de desenvolvimento de uma literatura nacional", imagine-se (convida Jacobbi) "o que o mesmo fenômeno detona no teatro, que é uma arte pública e coletiva, inseparável de sua forma e natureza cerimonial" [43]. O ato de fundação da literatura dramática brasileira, o primeiro passo na busca e conquista dos meios da expressão dramática, coincide com o concreto "encontro", nos palcos, entre um autor e seu público, neste caso, na ausência de títulos nacionais anteriores, um primeiro encontro.

Martins Pena e Gonçalves Dias são dois autores românticos polarizados por seus opostos êxitos: o primeiro "inventa" a versão nacional da comédia de costume, gênero que faz sucesso até hoje em um mercado de consumo massivo que se identifica "quase em sua totalidade com o teatro cômico: e nem mesmo teatro cômico com grande compromisso satírico, mas sim, puro entretenimento"[44]. O segundo, corajoso autor de pelo menos uma tragédia feliz (segundo Jacobbi, que na década de 1950 relançou *Leonor*

41. Ver infra, p. 79.
42. Ver infra, p. 80.
43. R. Jacobbi, La letteratura drammatica in Brasile, op. cit., p. 71.
44. Idem.

de Mendonça para montagem no TBC) [45], seguiu tão fracassado em sua carreira que até ele mesmo, antes da morte precoce, desacreditou a sua vocação, condenando sua obra e o gênero trágico a serem descartados como "mofados frutos de biblioteca" [46]. Pois bem, se pergunta Jacobbi, o que teriam em comum aquele aberto entretenimento (a comédia de costume, ingênua, gregária e de inesgotável sucesso) e este turvado redemoinho (a tragédia, lírica, solitária e incompreendida)?

O realismo, responde Jacobbi, é que faz esses dois autores serem clássicos, pois cabe em sua busca de expressão dramática, mesmo dentro dos gêneros mutuados da tradição europeia e da língua portuguesa ainda castiça, um "sentimento todo brasileiro". Esse realismo nacionalista, provocado pelo impulso ao encontro que é condição necessária ao teatro, se manifestaria seja nas "crônicas bonachonas e, por vezes, um pouquinho céticas de uma vida democrática em construção"[47] do Martins Pena, seja no constante escrúpulo de verdade e de justificação das personagens de Gonçalves Dias.

O dispositivo crítico embutido no teatro é uma natural tendência à linguagem real, local e popular, *indiretamente* criticando a afetação e o irracionalismo românticos e *diretamente* franqueando o brasileiro da dependência colonial ao português, pois no palco língua falada e língua escrita coincidem. Essa luta pela emancipação estética, encontrando no teatro uma plataforma especialmente subversiva, seduz Jacobbi em sua leitura da dramaturgia brasileira. Passando pelos altos e baixos da "aventura do espetáculo", onde um tempo de prosperidade econômica pode coincidir com uma baixa temporada em termos de qualidade, a busca da *koiné*

45. Como jurado da Comissão de Patrocínio para o programa teatral das celebrações do IV Centenário da Cidade de São Paulo, Jacobbi havia sido o mais convicto promotor da montagem pelo TBC da tragédia seiscentista, pleiteando a direção de Adolfo Celi (o qual, no entanto, dirigiu-a contrariado, em agosto de 1954).

46. R. Jacobbi, La letteratura drammatica in Brasile, op. cit., p. 72.

47. Idem, p. 74.

expressiva produz, inclusive, uma sequência de fracassos que Jacobbi aponta como bandeiras do teatro *possível.* Não o que foi representado, fez sucesso e entrou na memória histórica, mas justamente o que, mesmo arquitetado, *não* aconteceu por estar na contramão, incompreendido, antecipando os tempos e contrariando as expectativas. Do arsenal de experiências dramáticas que analisa, compreendendo obras consagradas pelo mercado assim como outras, omitidas, Jacobbi faz emergir um conceito de "anomalia orgânica" que explicaria fracassos e exceções como sintomas críticos. Ideias ousadas, conceitos inusitados, projetos geniais produzem uma sensação de intempestividade no encontro (necessariamente ao vivo no caso das artes cênicas) entre autores e público: "o teatro brasileiro não estava à altura dos sonhos de Arthur Azevedo, assim como não estava à altura do lirismo de Gonçalves Dias e da poética de Machado de Assis"[48].

Na literatura, a fase revolucionária que se abre com o modernismo é descrita por Jacobbi como uma fase de busca pela "brasilidade" como "molde" para capturar em palavras o fermento desenvolvimentista da nação. Seu protagonista é "o grande reformador" Mário de Andrade, cuja influência cresce – imagina Jacobbi – junto "com os arranha-céus em São Paulo". Contudo, mesmo que a língua dos poetas e dos sambistas já na década de 1920 – como canta Noel Rosa – "passou de português", isto é, já é território de autonomia expressiva, rítmica, psicológica e social e (pois "qualquer fato linguístico, ao ver melhor, é histórico") [49] deve-se esperar a década de 1940 para ouvir "o grito de independência da nova dramaturgia". Nessa altura, Jacobbi admite o frêmito de "revelação" com que o ambiente renovador carioca acolhe o diálogo "francamente expressionista" de Nelson Rodrigues, onde a fala cotidiana derrota "para sempre a convencional 'língua teatral' dos autores [anteriores], por vezes semelhante a uma tradução do francês"[50]. Entretanto,

48. Idem, p. 75.
49. Idem.
50. Ver infra, p. 158.

Jacobbi referencia, não enquanto milagrosa revelação mas como etapa estruturada e construtiva da civilização teatral, o "repensamento do realismo, sob o efeito de diversas influências (de Tchékhov a Miller, de Tennessee Williams a Brecht) e a reflexão sobre a perspectiva social do teatro como espelho de um povo e de sua história interior" que motiva "a rica floração de novas dramaturgias"[51]. Na perspectiva da luta pela emancipação estética, essa etapa também tem seus campeões. Por um lado, o paulista Jorge Andrade, cuja estreia, em 1955, Jacobbi saudou com um triunfal *habemus pontificem*: aparecia, enfim,

> um autor absolutamente nacional e, ao mesmo tempo, perfeitamente enquadrado dentro da situação histórica e estética da poesia dramática universal deste pós-guerra [...] Mas o passo está dado. O mundo é visto pelo autor com olhos límpidos, desassombrados e é um mundo que ele conhece, um mundo que é sua vida e que envolve uma nação e uma geração. Estamos a um passo do realismo absoluto. Estamos no caminho de uma expressão literária nacional-popular. E estamos diante de um teatro que volta a ser, não por esforço de vontade ou de veleidade, mas por necessidade íntima e lógica, o espelho da vida moral de milhares de pessoas [...] é um acontecimento. Não pertence à crônica, mas sim à história. Daqui começam novos rumos; aqui se fecham as portas para as mistificações.[52]

Por outro lado, ou melhor, em outro território, o pernambucano Ariano Suassuna, um autor "católico-revolucionário" em cujo temperamento Jacobbi reconhece "as duas matrizes da alma brasileira moderna: a inesgotável religiosidade e uma violenta tomada de consciência do progresso democrático"[53].

51. Ver infra, p. 163.
52. *Folha da Noite*, São Paulo, 9 maio 1955. R. Jacobbi. Apresentação da peça *A moratória*, direção e cenário de Gianni Ratto, com Fernanda Montenegro, no TMDC-SP, maio de 1955. Cf. A. Vannucci (org.), op. cit., p. 118-119.
53. Ver infra, p. 166.

Nessa dinâmica história da literatura dramática onde os atos/fatos, no sentido apontado[54] se concatenam como batalhas campais, a última e futura fase – após a "fase artesanal" e a "fase empresarial" – será, segundo Jacobbi que escreve em 1960, uma

> fase cultural, [...] onde a preocupação artística [...] cede lugar, na fase de criação literária, à necessidade de circulação de ideias e à militância dos autores diante dos problemas de seu tempo. E estes são, no primeiro momento da *renovação*, problemas estéticos, isto é, as obras tornam-se contribuições para a formação do gosto moderno; posteriormente, são problemas ético-políticos, isto é, as obras são contribuições para a formação de uma consciência democrática moderna[55].

Autores minimizados no tabuleiro do teatro brasileiro visto de 1960, ou evocados nos últimos minutos do segundo tempo, como o "velho" Oswald de Andrade com seus "bizarros experimentos de teatro surrealista" – que o próprio, "pouco antes de morrer" teria entregue ao Jacobbi, em troca de uma promessa de futura montagem[56] – e os "meus meninos", Gianfrancesco Guarnieri e Augusto Boal, recebem logo em seguida redobrada atenção, visando outro panorama: o mercado e o público do teatro italiano, em que Jacobbi é atuante como diretor, crítico, professor e tradutor na mesma década. Em 1960, apresentando *Gimba* ao público romano com o generoso texto *Imagem do Brasil* que já conhecemos[57], define Guarnieri como

54. "Minha desgraça [brinca o incorrigível hegeliano] é uma *mens* eminentemente histórica, que me obriga, não a julgar, mas a tentar sempre concatenar os fatos". R. Jacobbi, *Le rondini di Spoleto*, Svizzera: Munt Press, 1977, p. 142.

55. Ver infra, p. 123-124.

56. Conforme narra em "Oswald, o Antropófago". Ver A. Vannucci (org.), op. cit., p. 228.

57. Apresentar a peça da Companhia Maria Della Costa, montada em 1959, pela direção de Flávio Rangel, com cenário de Tullio Costa, é o primeiro impulso para a escrita crítica que deverá constituir, com pouquíssimas variantes, o primeiro capítulo de *Teatro no Brasil*. O texto, decorado com ilustrações e cinco poemas traduzidos, constituía o programa

o maior dramaturgo brasileiro ao lado de Jorge Andrade e Ariano Suassuna. [...] Com estes três autores a *renovação* que já faz seus quinze anos, supera os aspectos do puro espetáculo e entra em nova fase: a da reinvenção da literatura dramática nacional-popular [...] um fenômeno que corresponde, nas artes, ao nacionalismo hoje dominante no Brasil: não ser mais vassalo de ninguém[58].

De Boal, traduz *Revolução na América do Sul* para uma (prevista) montagem de 1960[59], publicando em seguida o texto em volume, cinco anos antes do que no Brasil. Em seguida, acompanha o trabalho do Boal de perto, com tempestivas resenhas a *Tio Patinhas* e a *Arena Conta Zumbi* em revistas italianas de teatro[60]. Sem poder cumprir a promessa dada ao "amigo Oswald", entretanto apoia e explica o "sentido preciso" de *O Rei da Vela* (tirado do limbo modernista pelo Teatro Oficina e apresentado em pleno 68 em Florença) "como expressão da literatura de vanguarda e da literatura engajada, isto é, das duas dimensões em que tentamos, ainda hoje, coordenar o nosso esforço expressivo: [...] a da crueldade e a da ironia"[61]. Intensificada pela experiência do desterro, que o faz capaz de *se ver de fora enquanto europeu*, sua vocação herética não teme metê-lo na maior polêmica:

Tivemos de ler ontem certas críticas inconscientemente racistas, pelas quais esses moços seriam pré-Brecht, pré-Beckett, velhos futuristas, velhos expressionistas, ao passo que eles vêm exatamente depois do Brecht da dramaturgia de ontem, depois do Beckett da

da peça, publicado pelo Teatro Club de Roma e pelo Columbianum (Centro Europa-América Latina) de Gênova.

58. Resenha de *Gimba*, *Paese sera*, 27 e 28 abr. 1960.

59. Ver supra, p. 21n.

60. *Teatro Uno*, Torino: Einaudi, 1962. A edição brasileira é pelos tipos da Sagarana, São Paulo: 1967. Outras matérias sobre Boal: *Sipario*, Milano, n. 303-304, 1971; n. 315, 1972. No arquivo Jacobbi (Fundo Jacobbi, Gabinetto Vieusseux, Florença) consta a correspondência com Boal. Cf. O. Macrì; R. Jacobbi, op. cit., p. 56.

61. Texto em italiano original, no programa da peça *O Rei da Vela*, pelo Grupo Oficina, direção de José Celso Martinez Corrêa, apresentada no "Festival Internazionale di Teatro Sperimentale" de Florença, abril de 1968. Cf. A. Vannucci (org.), op. cit., p. 228.

vanguarda luso-parisiense, depois do futurismo que foi paulista nos anos 20 e depois do expressionismo que foi carioca nos anos 40. [...] *O Rei da Vela* não nos pede as distinções sutis da hipercrítica, ele invoca e provoca os tempos da ação. Por isso, ele fica deslocado numa Europa toda segura de si e do próprio tédio[62].

O Paradoxo do Crítico

Existia, então, a literatura dramática.
Diante dela, como se portaria
um diretor de teatro?

Projetando-se como literato humanista na cena da civilização teatral, extraindo da leitura do repertório dramático os elementos interativos com a vida, Jacobbi faz do espetáculo não somente uma experiência cultural, mas social e política, capaz de duplicar a realidade em outro plano: no plano crítico. Sua evolução das peremptórias instâncias de "teatro teatral" do mestre Bragaglia e das vanguardas históricas europeias rumo ao "espetáculo condicionado" – na linha de Jacques Copeau e Silvio d'Amico – e ao resgate da palavra na exata filologia do ritmo em cena, parece necessária à combinação de seus múltiplos talentos em um único temperamento estético. Este temperamento é pioneiro e mediador: abre trilhas na contramão do saber dominante e as organiza no panorama do possível. Opera na transição, na interface, na interpretação. Enquanto crítico, Jacobbi permanece identificado com as preocupações comunicativas da encenação; enquanto diretor, sente a responsabilidade da mediação crítica. Pois um diretor teatral, afinal, é um crítico.

Os grandes espetáculos [...] na minha vida eram tão perfeitos desse ponto de vista, que revelavam não apenas as qualidades e sim os piores defeitos do texto.

62. R. Jacobbi, O Rei da Vela, *L'Unità*, Florença, 18 abr.1968.

E um crítico não pode ser, ele também, artista? Quero dizer [...], um intérprete? Alguém capaz de fazer arte sobre a arte?

Penso em Sainte-Beuve, em De Sanctis, em Gundolf, em Berenson, em Lukács [...] que revelam a secreta conspiração da história e exibem seus resultados à luz do dia. Devemos-lhe o fato de o poema não ficar trancado e indecifrável dentro do livro e passar a pertencer a todos nós.

Não fará outra coisa o diretor de teatro, devolvendo ao povo o milagre da criação poética e revelando sua mensagem universal. [...] Se alguém lhe perguntasse quem fez aquele milagre, ele responderia, como Iago a Desdêmona: "Minha senhora, não me faça uma pergunta dessas, pois eu sou apenas um crítico". Lá, no palco, se conclui a longa viagem do teatro. Nascida dos homens e da história, nossa arte com sua mensagem retorna ao homem, à história. Estou certo disso[63].

Poeta, diretor, atores, cenógrafos, músicos e tantos outros, enfim, em graus diversos de responsabilidade, são engajados na realização do espetáculo, presentes e agentes "do momento único em que tudo é convocado e a leitura da vida é feita através do filtro da representação"[64]. Mas, por uma espécie de intrínseco paradoxo, uma figura se mantém excêntrica nesse perfeito equilíbrio, na suspensão coletiva de credulidade e na experiência cerimonial que a ampara: é o diretor. Alguém que fica na coxia. Que, certamente, faz parte do público e pode ser até criador dessa, como de outras peças, mas no ato/fato da execução, no momento do encontro com o público, está forçosamente projetado fora daquela comunidade e rumo à civilização (não somente teatral) futura. O diretor, assim como o crítico, é um mediador, um intérprete, um atravessador de fronteiras.

Atrás de cada fato por mais banal que seja, há um ato, uma ação social significativa e agente de mutações dentro do sistema social. No fazer teatro, assim como no fazer crítico, por serem ambos formas da expressão, agem ideologias: visões de mundo, etapas consequentes (tese, antítese, síntese) na dialética da civilização. Qualquer ruptura,

63. Ver infra, p. 67-68.
64. A. Dolfi, Prefazione, em R. Jacobbi, op. cit., p. 15.

anomalia, crise e revolução também apronta um sucessivo passo na viagem ascensional rumo ao "céu da realidade". Pois, como escreve Jacobbi, "as revoluções, que sempre começam dividindo, só podemos dizer que são bem sucedidas quando acabam unificando"[65].

Na distância do crítico, necessária para enxergar o panorama amplo; na anomalia que se torna método para compreender e fazer compreender o sentido dos fracassos, dos atrasos, das exceções; no olhar acuado pela saudade, que o faz distinguir os caminhos inatuais, desperdiçados e interrompidos no caos da história; nas intuições que iluminam nexos impensados e ousados painéis de história e cultura, é que Jacobbi encontra sua síntese. Escreve ele:

> Nenhum autor é grande porque escolhe a melhor parte; estes não são os grandes, são os espertos. A melhor parte é a que lhe atribuímos nós, críticos e intérpretes de qualquer espécie e aqueles críticos muito criativos, sendo que toda crítica é criação, a que chamamos de encenadores[66].

Sua "mania de relacionar as coisas"[67], categorizar e formular um juízo, exemplificando a teoria pela prática,

65. R. Jacobbi, *Jornal do Brasil*, 12 jun.1948.

66. R. Jacobbi, *Buonanotte alla regia*, Fundo Jacobbi, Gabinetto Vieusseux, Florença, 1960.

67. Ressaltada por muitos amigos: "Ruggero tinha uma mania constante de relacionar as coisas, a tradição com a novidade, a própria cultura com o momento histórico brasileiro e, depois, deve ter refletido muito sobre tudo isso, em termos de diferenças, identidades, continuidade, reconhecimento. [...] Por isso que ele vivia descobrindo coisas: *O Rei da Vela*, *Leonor de Mendonça*, a música popular... tudo relacionado de modo específico, objetivo, ao ambiente de origem, à estrutura produtiva. Isto eu acho grandioso nele: não veio com os modelos de fora só, veio com as ideias e mergulhou nesse mar daqui, nessa terra aqui. Não era só reproduzir um modelo. Era mergulhar em qualquer coisa, com consciência da própria origem e das intenções, do destinatário do trabalho. O que ele fazia não era negar uma cultura europeia para valorizar a brasileira, o que foi talvez o erro de algum movimento nacionalista brasileiro. Não, era [para] integrar [...]. Aliás, na perspectiva marxista: análise dialética do momento histórico passado, não com interesse de museu, mas de um ponto de vista crítico, para recuperar não só o sentido, mas os elementos

o faz atirador franco e modesto. Em suas crônicas teatrais e literárias da década de 1950, agora recolhidas no volume *Crítica da Razão Teatral*, escreve o que intui, sem censurar uma irreverente propensão à inversão de paradigmas. Na São Paulo da *renovação*, dos frementes e exaltados anos 50, denuncia solitário os sintomas de uma crise que, de seu ponto de vista de diretor e crítico nômade, não encaixado em panelinhas, estaria atingindo o âmago do teatro moderno.

> Uma renovação não se faz sem público, e o público tem estado ausente de quase todas as iniciativas renovadoras do teatro. Por uma *Chuva*, um *Desejo*, um *Hamlet*, um *Arlequim*, quantas *Rainhas Mortas*, quantas *Águias de Duas Cabeças*, quantas *Tragédias em Nova York*! Quantas casas vazias! O único grupo que conseguiu formar um novo público foi, até agora, o Teatro Brasileiro de Comédia. Isso prova que é preciso que se aliem uma reserva econômica e uma organização capaz de aguentar longos períodos de prejuízo, sem se contar com o lucro imediato. No fim desse aprendizado, a companhia firma-se e o lucro começa a aparecer. O TBC conseguiu até desviar uma parte do público do Santana, isto é, das companhias tradicionais. Foi o único caso em que a tal renovação se processou de maneira orgânica. Se houvesse mais capitalistas esclarecidos, seria possível repetir a façanha em outros lugares e com outros grupos, possivelmente visando a outro público: aquele que não vai ao TBC por causa do preço[68].

Por entender sua tarefa intelectual como a de um "operador expressivo", alguém que faz transitar as ideias entre os diversos âmbitos da cultura, contrariando a setorização sugerida pela mídia e recusando qualquer exercício de esteticismo, irracionalismo, enciclopedismo e "umbiguismo", Jacobbi amplia o debate sobre a *renovação* com uma análise da evolução do público brasileiro na fase de industrialização dos bens simbólicos. Sua opinião é influente, na contramão

materiais na base desse sentido. Era a força dele: não insistia num realismo *realista*, mas num realismo ligado à necessidade permanente de discutir a realidade. Fez a cabeça de todos nós, então jovens". Fernando Peixoto, Entrevista Concedida à Autora, São Paulo, 1997.

68. R. Jacobbi, Dinheiro é Dinheiro, *Última Hora*, São Paulo, 24 mar. 1952. Ver A. Vannucci (org.), op. cit., p. 7.

do idealismo vigente na melhor crítica teatral de sua época. A reforma conceitual precisaria, alerta Jacobbi, organizar seus passos no mercado existente, um mercado massivo incipiente, buscando soluções alternativas, compromissos e caminhos do teatro *possível*. No painel da modernização, que descreve como um movimento oscilatório – uma "transição necessária", entrando e saindo do moderno – de evolução da cultura nacional em cultura de massa[69], Jacobbi cata indícios e conecta os sintomas como um médico diante de um vírus desconhecido e prefigura cenários imprevisíveis em 1952. A queda do mercado editorial, a rápida falência da Vera Cruz, a crise de produção das melhores companhias teatrais que em menos de uma década passam a subordinar seu repertório às pautas das emissoras de televisão, anunciam, segundo ele, a fragilidade do sistema moderno e a resistência do mercado às mudanças. A incipiente cultura de massa, talvez, reinstauraria práticas e tendências de gosto tradicionais, como por exemplo a centralidade hipertrófica do ator/empresário, contradizendo a *renovação* em seus princípios.

No final da década, passando aos anos de 1960, Jacobbi amadurece o debate com as vanguardas europeias, nas quais reconhece o último ato de uma civilização autodestruidora, e anuncia a alternativa latino-americana como possível ressurreição da herança humanista, "Segunda Europa" que, amanhã, "defenderá a primeira em meio à loucura atômica, à aridez consumista; já aconteceu na metafísica Argentina, no sanguíneo Brasil"[70]. Ao passo que assume as suas heresias como privilégios de *enfant gaté* e de perpetuo estrangeiro; também incorpora o desterro em postura crítica, tornando-se mais europeu enquanto capaz

69. Ver prefácio de A. Vannucci (org.), op. cit.

70. R. Jacobbi, *Teatro da ieri a domani*, Firenze: La Nuova Italia, 1972, p. 31. Anedota: "Santos, 1959: Gerardo [Guerrieri] e Anna [Proclemer] chegaram de repente no hotel onde estávamos. Falamos sem parar de mil coisas e, de repente, Gerardo pergunta: Mas, você! O que aprendeu neste tempo todo? Para quê, esta viagem? Respondo: para entender por que aprendi grego e latim na escola", R. Jacobbi, *Le rondini di Spoleto*, p. 142.

de se "devorar" ao modo antropófagico, com ironia toda modernista; e com franqueza endossa a saudade que pressente antes do inevitável adeus, quando, em 1958, inaugura o curso de Teatro na Universidade de Porto Alegre.

> Nossa civilização geme sob o peso de uma reação que parece avançar de todos os lados. Neste período de gritaria desbragada, até a palavra tem que se esconder debaixo da terra. Mas é trabalhando em lugares obscuros que nós nos sentimos ligados aos fatos essenciais. [...] Acreditemos sem queixas na destruição do nosso trabalho: esse jogo aparentemente fútil contém todo nosso protesto, porque nós achamos que nele chora toda a grande mágoa terrestre, sua resistência à sombra e à morte [...]. Lá, num ponto do mundo onde o homem já foi unidade, o teatro de Dioniso fala aos céus, com suas escadarias quebradas. Fala-nos de um acordo religioso, de uma aliança cívica, de uma terrível e serena elevação moral. É preciso olhar para lá, é preciso trabalhar olhando para lá[71].

Heresia, Desterro, Saudade, Liberdade

Paga sem chiar por todas as suas franquezas. Por ser antifascista durante o regime de Mussolini; por ser marxista durante a gestão capitalista do TBC; por ser comunista aos olhos da polícia política brasileira e por ser suspeito de "subversivo" em plena ditadura de Salazar, no Porto. Não se queixa pela destruição, omissão, censura de sua obra – segue trabalhando. Nisso, sim, é plenamente revolucionário, por admissão: "o verdadeiro ato subversivo é passar a expressar-se em plena liberdade. A arte, portanto, não vigiada, mas franca e acessível à sociedade, é um escândalo e um exemplo capaz de instigar em qualquer um as perguntas mais fecundas, conforme as circunstâncias de sua existência"[72].

71. R. Jacobbi, Introdução à Poética do Espetáculo, Porto Alegre, 1958, apud Fernando Peixoto, *Um Teatro Fora do Eixo*, São Paulo: Hucitec, 1997, p. 355-362.
72. R. Jacobbi, *Le rondini di Spoleto*, p. 149-150.

Um escritor, digo, um artista, digo, um homem apaixonado, intuitivo, cultíssimo, curioso, generoso e incomum, um – proclamou-se certa vez – "surrealista-trotskista-anarquista-libertário" seduzido pela história, regrado por *pietàs* e movido pela fé na arte como essência metafísica da dignidade humana. E bem humorado. O teatro, brinca, não é "um público entretenimento, é uma arte; e a arte é escândalo e revolução na medida em que mostra, àqueles que se atarefam utilmente em um mundo todo devotado ao útil, que existem homens capazes de condicionar toda a sua vida a uma coisa supremamente inútil", com o corolário de que "sendo o teatro desnecessário, é único e insubstituível".

Alessandra Vannucci

LONGA VIAGEM PARA DENTRO DO TEATRO

Há poucos dias, estava conversando com meu amigo Mário da Silva, que passou muito tempo na Itália e na Alemanha, correndo atrás de sua paixão pelas artes. Contava-me ele da chegada de Anton Giulio Bragaglia, famosíssimo diretor italiano, na inacreditável Berlim teatral de 1925. Bragaglia não conhecia uma palavra sequer em alemão e Mário, naquela época, tão pouco. Pois, na mesma noite, Bragaglia disse ao amigo: "Vamos assistir a um espetáculo de Piscator?"

Observou Mário: "Não será melhor esperarmos alguns dias, até estarmos em condição de entender alguma coisa?"

Com muita veemência, o diretor romano retrucou: "Temos de ir já. É uma ocasião única de assistir a um espetáculo vendo só o teatro, o teatro teatral, sem sermos perturbados pela peça".

Eu escutava essa lembrança e minha memória começava a viajar. Tempos memoráveis, quando o mágico Bragaglia, em úmido porão da Via degli Avignonesi, em

Roma, pregava o teatro antiliterário, que chamava de "teatro teatral", e tentava pôr em prática essas teorias em seus espetáculos, às vezes geniais, e muitas vezes, quase sempre, mergulhados até os olhos no pântano da improvisação.

Tempos memoráveis, tempos antigos. Coisas de antes do dilúvio, coisas que, quando as ouvia contadas pelas pessoas mais adultas, eu, menino, me entusiasmava como que com um paraíso perdido (e não tinha razão nenhuma para me entusiasmar).

Mais tarde, eu mesmo trabalhei quase dois anos com Bragaglia, e a ele devo quase tudo o que sei em matéria de técnica e artesanato teatral. Mas era outro Bragaglia. Já velho, tinha se apaixonado por um tipo de teatro regionalista, naturalista, sanguíneo e violentamente popularesco: teatro de dramas passionais. Assim, dirigia com muito entusiasmo *Cavalleria rusticana* e dirigia O'Neill como se fosse *Cavalleria rusticana*.

Mas, se seu gosto em matéria de ritmo, de tom, no sentido plástico da *mise-en-scène*, estava profundamente mudado (pois já estava enchendo com elementos reais e pitorescos o espaço cênico que antes fora ocupado pelas espectrais cortinas brancas, pelos esqueléticos sarrafos pintados, pelas escadas estilizadas sobre o fundo preto), sua relação com o texto em si, com os valores literários do teatro, continuava a mesma. Lembro-me de Bragaglia durante os ensaios, sentado na plateia, com sua figura comprida e magra de D. Quixote provinciano, envolto em suas echarpes fabulosas, à sombra de um chapéu quase mexicano; tirava o sapato, abria a garrafa térmica de café com leite, colocava nos joelhos uma pasta de couro e, enquanto os atores no palco se matavam ensaiando, escrevia cartas ao editor ou desenhava croquis para os cenários e figurinos. Olhava, apenas de soslaio, para os atores, deixando entrar nos olhos a marcação e nos ouvidos as palavras, música longínqua, indecifrável e irritante. Se alguém se avizinhava, conversava em voz baixa, sempre espreitando o palco com o rabo do olho e com ar de distraída insatisfação. De repente, levantava-se e gritava: "Para!"

"O que é?", perguntava o ator cortado em plena onda de entusiasmo. "Você está falando muito – respondia Bragaglia – há um quarto de hora que só ouço a sua voz. Corta, corta!"

"Cortar o quê?", perguntava o ator. "Qualquer coisa" – replicava Bragaglia, já furioso – "mas, pelo menos, dez linhas do texto". Então, o ator combinava com o ponto e cortava o texto, quase sempre uma nuança vital da peça, e o ensaio continuava.

Mais tarde, outra interrupção. "Por que você não grita?" E o ator, espantado: "*Maestro*, eu estudei o texto com muita atenção; esta cena parece-me requerer um tom baixo, calmo. Quer ver?"

O *maestro*, peremptório: "Não quero. Isso é besteira. É psicologia. O teatro não é psicologia; deixe estas bobagens para os russos, ouviu?" E voltava a explicar: "Veja como é o primeiro ato. Duas páginas de luz do luar, personagens imóveis sobre a escada, longas pausas e vozes baixas; depois então entra a luz amarela pela janela e as personagens começam a se movimentar, e falam como em qualquer comédia de *boulevard*. Total, cinco páginas. Finalmente, quando entra a luz cor de rosa, todos gritam, entendeu? Como em uma tragédia grega. Gritam, entendeu?" E os atores gritavam.

Não quero faltar com respeito ao meu ilustre e querido mestre. Tenho a obrigação de dar uma explicação que não seja apenas anedótica. Vi de que maneira Bragaglia lia as peças que ia montar. Dividia cada ato na base dos "golpes de cena" principais (para com os quais tinha um respeito digno do velho Sardou) e a cada uma das partes assim divididas dava um tom fixo de representação; constituía assim um esquema rítmico. Não cuidava de encher este esqueleto, de articular os valores específicos das falas e palavras; nem se preocupava com os elementos característicos individuais das personagens. A essa altura, o texto deixava de interessá-lo. Marcava para cada cena um movimento espetacular, capaz de impressionar o público pelo excesso de lentidão ou de agitação, e passava a se preocupar com o que mais o atraía: cenário, luzes, roupas, coisas estas com as quais nunca estava satisfeito e sobre as quais trabalhava com paciência infinita.

Seus atores eram sempre péssimos. Escolhia-os a dedo por entre os mais vazios e convencionais atores italianos, ou então, descobria rapazes novatos, mas cheios de instinto, junto dos quais poderia ter autoridade, mandando-os fazer qualquer coisa. Detestava o bom ator, que faz perder tempo, que quer saber o porquê das coisas e se preocupa com intenções e significados do texto; adorava o ator que só obedece. Dizia "chora", e o ator chorava da única maneira que sabia chorar. Dizia "ri" e o ator ria, na única gargalhada que se deu ao luxo de aprender. Mandava parar e o ator parava. Nunca vi Bragaglia explicar o valor de um texto, seu subsolo de cultura e psicologia, as características de sua linguagem. Explicava as personagens em termos elementares: "Fulano é um violento"; "Maria é uma ingênua"; "Sicrano é um pé no saco". Outras vezes dizia: "Faça de conta que está interpretando Armando, em *A Dama das Camélias*". Ou então dizia: "Façam de conta que é uma tragédia grega". E pronto. Nisso, Bragaglia se apoiava na tradição italiana que possuía uma forma fixa, já feita e bastante discutível, de "fazer" a tragédia, declamar versos, movimentar a farsa etc. Para ele, a palavra no teatro não era um sentimento, uma mensagem; era um som, um ruído. Por isso, assistia aos ensaios da maneira que contei; com os olhos controlava seus atores, para ver se executavam a marcação (marcada no primeiro dia de ensaio e para sempre, pois Bragaglia não fazia ensaio de mesa), e com os ouvidos, acompanhava a marcha dos sons, o discorrer das vozes; quando lhe parecia monótono, mandava levantar a voz; quando achava que os atores já tinham gritado bastante, dizia: "Chega, precisa de umas pausas" (digo, *umas* pausas, não *aquelas* pausas); quando a cena ficava muito lenta, ordenava: "Ritmo, ritmo".

As relações entre isso tudo e o texto eram as mais vagas e genéricas possíveis. O fim parecia ser apenas não cansar o público, não caceteá-lo, provocar contínuas surpresas para que ele ficasse acordado.

O repertório corrente, comercial, de Niccodemi ou de Bernstein, está cheio desse tipo de teatralidade; aliás, baseia-se exclusivamente nisso. O texto já contém essas indicações, e às vezes o mecanismo é perfeito do ponto de vista técnico. A tarefa de Bragaglia parecia ser a de descobrir e introduzir valores bernsteinianos e niccodemianos dentro de obras poéticas. Bragaglia "bernsteinizava" O'Neill, Synge, Andreev e Pirandello – e cobria tudo com um lindo manto de efeitos cênicos e luz.

Foi essa a amarga conclusão a que tive de chegar: se Bragaglia dirigia O'Neill ou Pirandello, em vez de Giacometti ou Sardou, isto acontecia por três graves motivos: 1. as peças de Giacometti, Bernstein, Niccodemi e Dumas passam-se em um meio burguês, que dificilmente permite uma encenação espetacular; 2. Bragaglia não queria renunciar a sua fama de revolucionário, de vanguardista e consequentemente, ao apoio da crítica e dos homens de cultura; 3. e (mais grave) em Giacometti, em Sardou, em Niccodemi, a teatralidade está tão bem definida na peça que o ator pode fazer quase tudo sozinho e o trabalho do diretor limita-se a bem pouco. Isto determinaria uma perda de autoridade, ao passo que a façanha de teatralizar um texto de aparência literária, acaba por dar ao ator a sensação de que o diretor é um gênio ou um mágico.

Tais foram as minhas primeiras decepções em matéria de direção de teatro. Decepções sérias para um moço que tinha o mais profundo respeito pelo mestre e que se aproximara do teatro em circunstâncias psicológicas muito especiais. Era eu um homem de letras, saído de uma educação filosófica e estética muito rígida, e que estava ingressando no teatro por uma misteriosa curiosidade que me levava a ver de perto este antigo enigma da encarnação do espiritual na ação, do individual no coletivo, do imutável no infinitamente mutável. E por muito tempo, continuei pensando que eu era, no teatro, alguém de passagem, alguém provisório; que minha morada era em outro lugar. Ora, o estranho, o intrometido que eu era, que diabo poderia pretender? Evidentemente devia ser eu, homem de mesa e de biblioteca, quem estava errado; devia ser eu quem não estava entendendo o negócio. Mas o velho demônio da lógica continuava a me ditar aquelas duras e negativas conclusões: tese, antítese e síntese, a antiga máquina dialética, dentro de minha cabeça, não queria saber de entregar os pontos diante daquela realidade.

Naturalmente, não estou aqui para contar a história de minhas decepções. Voltando ao que interessa, quero repetir, em duas fórmulas, o método de Bragaglia, como eu o vi nos anos de meu agitado aprendizado: 1. Bragaglia tratava o texto literário como se fosse um libreto de ópera do qual ele estaria incumbido de fazer a música; 2. Bragaglia tratava o ator como *um entre os outros* elementos do espetáculo, exatamente como faz o diretor de cinema. Rigorosamente, esses eram os dois pontos de referência de Bragaglia: ópera e cinema. E é sobre isso que pretendo chamar a atenção de vocês.

Quando comecei a me interessar por teatro, eu vinha justamente do cinema. Tinha estudado também um pouco de música e cultivado, por um tempo curtíssimo, uma insana paixão pela pintura. Esta multiplicidade de interesses, a partir da forte base literária, acabou desviando-me. Isso mesmo: *desviou-me* até o teatro. Até dentro do teatro mesmo, tão dentro que hoje sobra, para a literatura, somente o longo tempo da saudade e o brevíssimo dos meus exercícios poéticos, desesperadamente particulares. Mas, disse que vinha do cinema e devo especificar como eu tinha chegado lá. Dois motivos me haviam impelido para o cinema: uma antiga paixão pelas técnicas, pelo artesanato, por tudo que na arte é empírico e trabalhoso; e, de outro lado, meu velho protesto de colegial diante das concepções românticas da criação artística considerada como um "dom" divino, um impulso da natureza irracional. Tudo isso me conduzia, cada vez que um típico problema estético de cada arte carecia de soluções ou tão somente de uma análise, a experimentar concretamente as diversas formas da expressão e a conhecer, mesmo superficialmente, as ferramentas para constatar a realidade das técnicas. Procurava a "prova" do fato estético.

Em seguida, voltava à minha atividade literária e, então, via que aquelas experiências fugidias tinham deixado sua marca e exigiam ser aproveitadas, mesmo que indiretamente. Ficava inquieto e quase fisicamente aborrecido diante do fato de ser o trabalho do escritor um trabalho fechado, isolado, solitário. Estava procurando uma síntese, uma obra que encerrasse, mesmo materialmente, aqueles vários pontos de vista: o plástico, o dinâmico, o musical, o coletivo, o colaborativo; pareceu-me encontrar isso no cinema. Foi curta e desesperada minha incursão pelo cinema. Dele, saí com a certeza de ter errado o caminho. Porque se, para as letras, eu era homem excessivamente de ação, para a ação eu continuava sendo, para o meu desespero, um homem de letras. Foi esta a primeira certeza.

Sabia agora que todas aquelas curiosidades, embora vivas e irremediáveis, tinham sempre sua sólida base nas letras. Havia, porém, contraído a doença do espetáculo. Qual podia ser o tipo de espetáculo que deixasse atuais e aproveitáveis as minhas premissas literárias? Naturalmente, o teatro. E foi a hora do teatro. Com este esplêndido resultado: caí nas mãos de um homem como Bragaglia, que queria convencer o mundo de que o teatro era "puro" espetáculo, "teatro teatral", do qual os homens de letras deviam ficar afastados.

Quantas vezes eu não falei para mim mesmo: "Quem mandou te meter nisso? Esta coisa não é para ti!" Mas a velha máquina dialética continuava funcionando dentro de minha cabeça: tese, antítese e síntese, e trazia como mola do mecanismo uma terrível, perigosa e magnífica sensação: a certeza de ter razão. Desculpem, mas eu sei falar apenas de minha vida. Espero que isto me dê, pelo menos, a possibilidade de ser sincero. Penso, até, que os pensamentos de um homem, por isso mesmo – visto serem pensamentos de um ser humano – não possam não mexer nos pensamentos dos outros, ao contrário, enredam-se no jogo de seus problemas vitais. Nesta vida que é de todos.

Agora sei com maior clareza qual era a mais profunda razão de meu apego à ideia de espetáculo: a esperança, meus amigos, de encontrar alguma esquecida comunhão entre um e muitos, entre estes e aqueles, entre todos os que estavam perdidos nas angustiadas solidões do homem moderno e da arte que este produz. Queria saber, ver e tocar com as mãos esta possibilidade: em um século de indivíduos cada vez mais afastados, mais irreconhecíveis um pelo outro, *um espetáculo*, isto é, alguma coisa na qual o que é de todos aparece aos olhos de todos e para todos, celebra-se, como uma missa, como um rito. Se isto é possível, pensava eu, existe um ponto de apoio. Uma sociedade, uma coletividade, um mundo: alguma coisa à qual cada um sente pertencer. Esta preocupação, muito mais do que outras puramente estéticas ou técnicas, empurrava-me sem volta no caminho do espetáculo. Do cinema saí por uma deficiência criadora, minha, particular; porque não poderia nele usar as qualidades que sabia melhores. Mas à ideia do espetáculo, uma arte feita no meio do povo, à ideia do poema que vai para a rua, a esta eu não poderia mais renunciar. Ao teatro, afinal.

E o teatro me acolhia muito mal. Depois de longa veneração, já estava bastante cansado de toda espécie de "arte pura", de todos os misticismos estéticos de nosso tempo: a poesia pura, a pura pintura, a música pura... Estava apenas me livrando dos grandes mitos da adolescência: o *coup de dés* de Mallarmé, os anjos de Rilke, a estupefata geometria de Kandínski e a seca aritmética de Schoenberg.

O que ia procurando no teatro era uma arte infinitamente *impura*, uma arte capaz de permanecer arte e de exaltar toda a sua potência estética ao contato exatamente com a matéria, com as disparidades e a multiplicidade diárias, com as coisas impuras e imprevistas, com as paixões da humanidade. E o teatro em que eu caía de cabeça, logo naquele momento, o teatro metia na cabeça o contrário: de ser, ele também, uma arte pura! Não tolerava misturas! Criava mitologias e ditaduras! Queria jogar seu *coup de dés* e invocar, lá no tablado e com a força única do papel machê, a presença dos altíssimos anjos! O irredutível hegeliano dos anos de colégio reaparecia e falava em História. Queria explicar tudo. Sabia bem que na História nada acontece por acaso. Falava-me da burguesia do Ocidente, exaltada com sua própria força, como se o seu impulso de progresso pudesse durar ao infinito. Assim conseguira produzir o romance, a tragédia, a ópera; artes objetivas, artes que não refutam a realidade, onde podem conviver o poema e o documento; artes profundamente impuras, na qual a sociedade toda se espelha. Depois, a carga vital dessa burguesia tinha decaído; outras forças apareciam no horizonte. Como, porém, a burguesia continuava detendo o monopólio da cultura, continuava a expressar-se através dela e da arte, mesmo que esta já não desse mais romance, nem ópera, nem drama mas, sim, música de câmara e poesia – grande poesia, de Baudelaire ao surrealismo – e a mais extravagante pintura de todos os tempos.

Nada de objetivo e de coletivo; tudo individual, tudo lírico. A linha horizontal da narração foi invertida na vertical do devaneio e da evocação ou substituída pelo ponto isolado de uma imagem fulgurante. Surgiram artes "puras": o cinema mudo (só imagem); o teatro radiofônico (só som); o balé (só gesto, movimentos). O mundo se fragmentava em indivíduos. A própria objetividade do romance se deformara: em Proust, em Joyce, tudo se transformava como dentro de um espelho convexo. As personagens apareciam ainda no palco, mas espectrais, prestes a dissolver-se. A ausência de uma fé comum, de uma moral comum e até de um interesse comum, permitia que poucos se apoderassem de muitos; surgiam ditaduras. Assistia-se a fugas espetaculares da realidade; aliás, uma total desconfiança na existência da própria realidade e um desespero sem fundo marcavam o tempo, reduzindo-o a um jogo de remorsos, melancolias e expectativas. *Humano, lógico, concreto, progresso, história, moral, sociedade, razão, sentimento, paixão*, já eram palavras vazias e suspeitas. Diante delas erguia-se novo vocabulário: *memória, absoluto, abstração, metafísica, ausência, pureza, solidão, angústia*. Esta sociedade queria dar a si mesma um teatro. Como sempre, queria expressar-se em uma forma de espetáculo: em um "puro" espetáculo, naturalmente. A pintura sentia saudades dos primitivos e o teatro sentiu saudades da improvisação, da *Commedia dell'Arte*. O "espetáculo é para ver, a palavra é para ler", gritava Bragaglia; no máximo, a palavra poderia ser um pretexto para o espetáculo e o autor do espetáculo, o diretor, agora em primeiro plano, não queria saber de ficar numa posição de intérprete do texto. Reclamava o seu lugar na família dos poetas e dos criadores.

Claro que, na função, nem todos se comportavam da maneira simplória que eu tinha observado em Bragaglia. Eu tinha lido o livro de Taírov, os ensaios de Meierhold, tinha assistido espetáculos de Reinhardt e de Baty e constatado em pessoa o mágico virtuosismo desses artífices; mesmo assim, muitas coisas deixavam insatisfeito o velho hegeliano dos tempos do colégio. Às primeiras horas da madrugada, o moço que tinha o meu nome e quase o meu rosto e que acabava de ser agarrado pelo teatro, saía do novo e brilhante teatro de Bragaglia remoendo contradições e sofismas pela rua Sicília. Naquela hora suave, a luz de Roma, que subia fria e dourada e ia aquecendo a cidade pouco a pouco, convidava o espírito a uma consideração infinitamente humana das coisas. Muitas perguntas ingênuas reapareciam, iguais às que o colegial costumava levantar diante do filósofo que teorizava as "quatro distinções do espírito". Quem ousará distinguir dentro do homem? Quem ousará seccionar esta unidade irreparável? Há um homem estético, moral, filosófico? Há um homem econômico? Naquela cidade adormecida e solene, cada um dos que estavam dormindo era bem estas coisas todas juntas e sofria a violenta opressão que deixara que lhe impusessem, vinte anos antes, por causa de sua grande desconfiança, dispersão, solidão.

Tese, antítese, síntese. Eu precisava por ordem na minha cabeça. E viajava... Em Munique, vi um diretor reger atores de batuta na mão, como uma orquestra. Em Paris, vi Barsacq fazer mágicas montando peças como bailados; em Veneza e Florença, apareceu-me Reinhardt, com seus roteiros cheios de sinais cabalísticos, montando peças ao ar livre. Mas tinha também visto Copeau ficar louco para aprender os princípios da métrica italiana; tinha visto os espetáculos extremamente inteligentes, sem luxos e sem vaidades, dos Pitoëff; tinha lido e relido as memórias de Stanislávski. Isso me amparava. Havia, então, diretores para os quais o texto, o poema, continuavam importando! O homem de letras que vivia dentro de mim agarrou-se a este fato. Começou, de propósito, a deixar de lado o caso do espetáculo, para ver como o mundo moderno havia conseguido se expressar, antes de mais nada, em literatura dramática. Bragaglia nem lembrava mais de seu repertório de dez anos antes. Onde estavam Jarry, Apollinaire, Ribemont-Dessaignes, Kaiser, Andrêiev? Tudo morto, desaparecido, passado da moda. Em tão pouco tempo! Coisa interessante: de Kaiser resistiam só certas alucinadas histórias de pequenos burgueses, em que o cordão umbilical com a psicologia social não havia caído. De Andrêiev, a espetacular *Vida do Homem* já aparecia risível, mas o conflito familiar de *Caterina Ivanovna* e do *Prof. Storizin* continuava vivo. Todo o teatro teórico e dialético de Pirandello parecia ter nascido morto ao passo que o Pirandello anterior, rico de um sabor histórico e geográfico tipicamente italiano, parecia muito mais universal pela força daquela matéria viva que justificava e levava adiante, dramaticamente, a própria necessidade ideológica.

As várias tentativas de esgotar o sentido do universo alcançavam menos consistência do que uma humilde história de marujos contada por Vildrac; em O'Neill o *Grande Deus Brown* parecia cheio de rugas, ao passo que *Desejo* continuava vivendo sua vida de nervos e sangue. O que resistia de *Electra e os Fantasmas* era a densa atmosfera social americana, a terrível psicologia das personagens que conseguia fazer esquecer o propósito intelectualista do recalque. De Shaw, somente a história familiar de *Cândida* sobrevivia. Surrealismo, futurismo, expressionismo não haviam produzido um teatro que prestasse além da década. De *Nossa Cidade* de Thornton Wilder (a peça da moda), os dois primeiros atos, com sua poética anedótica sobre a vida americana *à la* Lee Masters, valiam muito mais do que o último ato, onde um lirismo fácil se aliava a uma metafísica duvidosa. Em toda parte o que resistia eram as obras onde o escritor tinha operado a transfiguração de uma realidade precisa, onde as mais disparatadas transcendências surgiam sobre a verdade de casos humanos, de conflitos determinados por objetos conhecidos; onde as mais estranhas imagens literárias nasciam pela aproximação imprevista de coisas muito distantes entre si, mas, cada uma, terrivelmente concreta e cheia de humanidade. O teatro continuava a ser a testemunha de uma sociedade. Esta, de um lado, expressava-se de maneira lírica e abstrata; de outro lado, objetivava-se em narração e drama. Como sempre.

Era lógico, afinal, que surrealismo, abstracionismo e semelhantes não produzissem uma literatura dramática: não podiam, sob pena de trair sua própria natureza. Da mesma forma, não conseguiam gerar romance. Se o fizessem, seriam intrinsecamente ilógicos, insinceros, imorais. Seu caminho era o do lirismo, individual e subjetivo. O teatro, porém, continuava sendo testemunha de uma sociedade. Salacrou falava, em termos penosos, através de personagens agressivas e compactas, de nossa crise moral. No estranho boteco chamado *Nick Bar*, de Saroyan, ressurgia o realismo absoluto, o realismo antinaturalista que havia presenteado o mundo burguês com seu último poeta dramático, Tchékhov. Era preciso recomeçar daquele ponto. Eu percebia um caminho interrompido no curso da História. Ao passo que os líricos expressavam as angústias da circunstância histórica com sua solidão e sua fuga da realidade, os escritores e os autores dramáticos não podiam deixar de expressar a mesma angústia, a mesma crise social em um desesperado confronto com as coisas. Era claro. A poesia, por exemplo a poesia de Éluard, perdia o contato com o mundo. Pirandello contava histórias de gente que havia perdido o contato com o mundo.

O mesmo tentavam os novos, prodigiosos romancistas: Hemingway, Malraux, Moravia, Corrado Alvaro, Faulkner, Graciliano Ramos. Algo da infância, amigos, algo velho como o mundo: os gêneros literários! Afinal, deve haver um motivo pelo qual um ser humano não escreve versos e, sim, romances. Contrariando o hegeliano da direita, amparado pelo Espírito e pelas Quatro Distinções, o hegeliano da esquerda aceitava a evidência. Existia, então, a literatura dramática. E, diante dela, como se comportaria um diretor? Eu ficava pensando: Taírov, Meierhold, Reinhardt, até Baty, fracassaram ao tentar dar vida a um texto realmente válido na esfera da literatura. Os grandes espetáculos de Taírov eram *Giroflê-giroflá*, uma velha opereta francesa, e os dramas de propaganda soviética dos primeiros tempos da revolução: coisas sem valor literário e, por isso mesmo, muito adequadas para serem reduzidas a "pretexto para espetáculo". As experiências shakespearianas de Reinhardt eram sempre discutíveis, apesar do enorme talento cênico do diretor. Observava as fotografias do cenário de Meierhold para *Le Cocu magnifique* (O Corno Magnífico): toda aquela verdade flamenga, breugheliana, suportaria o peso de tamanha abstração de linguagem? Não. Muito melhor *A Dama das Camélias*, texto sem pretensões, com o qual ele poderia tomar qualquer liberdade. Baty fazia maravilhas com os textos de Lenormand, autor de quarta categoria, um Bernstein disfarçado de expressionista. Todos os espetáculos desses diretores saíam perfeitos, incontestáveis, quando o texto não era um texto, mas apenas um pretexto.

Desses prodígios cênicos, a grande literatura dramática antiga e moderna ficava de fora, limada sem piedade: Molière, Shakespeare, Goldoni, Calderón de la Barca, Ibsen e Tchékhov não se resignavam a fazer papel de pretextos; quando alguém tentava forçá-los, puxavam as garras. Havia, contudo, outro teatro, outros diretores. Stanislávski entrelaçara com Tchékhov uma relação solene, quase religiosa. Jouvet e Giraudoux, num plano inferior, de divertimento intelectual, também haviam se encontrado e entendido com perfeição. Barsacq, muito pelo contrário, estava sufocando o talento de Anouilh, obrigando-o a escrever "roteiros" (*canovacci*); Copeau, o homem que mais acreditava na existência da literatura dramática, estava praticamente morto, por falta de repertório: um repertório que nem Gide, nem Duhamel, nem Romains conseguiram fornecer-lhe. Porque a deles não era literatura dramática. Era, apenas, literatura. De um lado, tínhamos apenas roteiros; do outro tínhamos apenas obras literárias; entretanto, quando se manifestava um caso de literatura dramática, em geral vinha deste outro lado. Assim, tendo deixado de propósito, no meu raciocínio, o espetáculo de lado, por fim voltava a ele. Isso significava que o ponto de partida era bom. Era o único bom: o texto.

Não seria muita vaidade da minha parte – perguntava-me – desconfiar de diretores famosos, aclamados como mestres? Eles nada representariam de positivo, mesmo? À semelhante conclusão, o hegeliano se insurgia; não admitia que algo me aparecesse marginal ou supérfluo no decurso da história. Afinal, não havia dúvida de que, no abstracionismo geral da chamada arte moderna, só eles apresentariam uma correspondente obra de teatro realizada. Em um período histórico dominado pela sombra mística de Mallarmé (o qual, da única vez que quis fazer um monólogo para ser recitado, acabou fazendo um poema), só eles haviam tornado o teatro possível. Haviam imaginado e realizado, plenamente, o "espetáculo puro". Numa época em que a literatura não podia dar repertório, conseguiram fazer teatro sem repertório e expressar, através de seus espetáculos, o espírito sofisticado, cético e decorativo do tempo. (Não vamos falar em sua contribuição técnica, que é enorme; visando a estilização, acabaram de uma vez com a encenação naturalista e a interpretação burguesa, mas – já que a história fez seu curso apesar deles – abriram o caminho para um novo realismo, nos modos de uma síntese. As qualidades físicas, atléticas e vocais do ator, tão mortificadas pelo repertório burguês, revigoraram-se diante da necessidade de suprir a ausência de psicologismo. Se as novas gerações, a despeito do repertório imperante no último meio século, ainda produzem atores e atrizes capazes de abrir o peito e respirar o fôlego de uma tragédia grega, devemos isso a Taírov, Reinhardt e seus imitadores).

Mesmo assim, esses diretores-criadores e seus imitadores ficaram condenados a se servir de textos nascidos para um objetivo não estético: para fazer rir, como *Giroflê-giroflá*; para fazer chorar, como *A Dama das Camélias*; para fazer propaganda, como os primeiros dramas soviéticos e certas obras alemãs. O que condenava estes diretores à tamanha limitação era a falta de limites de sua ambição de serem os criadores, de serem os que introduziriam e sobreporiam ao texto o valor estético do espetáculo. Sentiam a obscura necessidade de se libertar dos valores estéticos do texto, que entrariam em conflito com os deles, para poder impor sua rígida concepção estética. Foi mais uma das grandes ilusões do Ocidente que, em seu tempo de crise, não queria admitir sua crise; que avançava soluções imaginárias para problemas urgentes e materiais e recebeu as mais duras lições pela terrível realidade dos fatos que procurava desconhecer. O primeiro pós-guerra europeu exaltou-se e se expressou, às vezes magnificamente, nos derradeiros exercícios da torre de marfim e da "arte pela arte". O mesmo aconteceu com o cinema mudo. Não foi por acaso – isso o irredutível hegeliano sabe muito bem – que o cinema começou a falar e o rádio a se fazer ver; algo tinha mudado.

Os novos acontecimentos da história levavam para o primeiro plano o homem, todo o homem, com todos os seus problemas, juntos em nó inextricável; e jogava pelos ares as últimas metafísicas. Os espetáculos dos diretores-criadores iam fazer companhia aos poemas dos surrealistas, aos quadros abstratos, à música dodecafônica em novos museus preparados para receber obras inatuais. Das artes "puras" já nem se falava tanto. Melancólico fim dos espíritos eleitos e inquietos: Piscator dirigindo operetas na América do Norte, Baty e Gordon Graig resignados ao triunfo solitário do teatro de marionetes.

Recordo-me de ter entrado na casa de Gordon Craig, em Santa Margherita. O belíssimo velho manipulava diante dos amigos seus bonecos gigantes, entre luzes de encanto, interpretando sozinho, com sua voz redonda de ator acadêmico, todos os papéis de *Rei Lear* e de *Macbeth*. Respirava-se naquela casa um ar de misticismo e de loucura. Dava vontade de fugir e voltar para a rua, para o convívio dos outros; dava medo de ceder à tentação daquele isolamento, morte gélida de uma utopia em que o solene velho se consumia, contradizendo a si mesmo.

As marionetes de Baty e de Graig têm o gelo da morte. Esta gente teve coragem. Foi até o fim; à força de estilização, descobriu o esqueleto.

Agora eu reparava nas vantagens da minha formação filosófica. Ajudava-me a distinção que se faz entre estética e poética. Estética é a ideia de arte manifestada dentro de uma filosofia, dentro do conjunto de uma concepção do universo e no quadro da lógica. Poética, ao contrário, é a doutrina da arte construída por pessoas de alguma forma ligadas à arte (críticos ou artistas), individualmente ou em grupos, e serve apenas para nos iluminar sobre as tendências artísticas dessas pessoas. Não há dúvida de que cada poética, pelo fato de surgir de uma sensibilidade estética experiente, pode conter, e em geral contém, intuições profundas que servirão mais tarde para os pensadores estéticos e que, nascendo da experiência direta do fato técnico, podem chamar a atenção do filósofo e ajudá-lo a reexaminar o problema, alterando seus conceitos iniciais. (Por exemplo, as ideias de Valéry sobre a arte constituem uma poética; enquanto chamaremos de estéticas as teorias de Hegel, Croce, Gentile, Heidegger). O desastre é quando as poéticas caem nas mãos de pessoas de cultura confusa, como é o caso da gente de teatro; então as poéticas, pelo simples fato de serem mais polêmicas e sugestivas, sem a pesada couraça da linguagem filosófica, são imediatamente levadas a sério, como normas universais. Assim, há muita gente que pensa que os escritos teóricos de Craig ou de Taírov sirvam para explicar o teatro, quando servem apenas para explicar os espetáculos de Taírov e (eventualmente) de Craig, além de fornecer, aqui e acolá, preciosos pontos de vista para a compreensão do teatro em geral. Fora das poéticas há, de um lado, a estética do espetáculo e, por outro lado, há o próprio espetáculo. De um lado, a *teoria*, como lógica e dialética; do outro, a *prática*, como gramática e fenomenologia. Desses dois pontos de vista, na tentativa de uma conciliação, eu me pus a considerar o problema das relações entre o espetáculo e o texto. Pode ser que a minha não seja mais do que uma enésima poética e que sirva apenas para explicar meus espetáculos. Em todo o caso, valha a intenção. Teoria e prática: mas, como não estamos em um congresso de filosofia, ficaremos com a prática. Voltarei ao ponto de onde parti. Vou sintetizá-lo da seguinte forma:

1. Bragaglia, junto com outros diretores-criadores de teatro, consideravam uma peça como um libreto de ópera, do qual caberia a eles fazer a música.
2. Os mesmos encaravam o ator como um entre os muitos elementos do espetáculo, exatamente como fazem os diretores de cinema.
3. Eu abandonei o cinema em busca de uma forma de espetáculo mais propícia à minha condição de homem de letras.

Um libreto de ópera não possui, necessariamente, valor estético; e mesmo quando o possuir, ninguém lhe dará importância, pois estará perfeitamente penetrado e absorvido pelo valor da música; só nesta consiste a ópera como fenômeno estético.

O mesmo podemos dizer do roteiro cinematográfico, que se resolve inteiramente no filme, e que não possui valor estético independente, até ser transformado pela direção em imagens; só nestas consiste o filme como fenômeno estético.

Existe, então, um autor da ópera, único e bem determinado (o músico), assim como existe um autor do filme (o diretor). Todas as outras colaborações e contribuições resolvem-se e se anulam dentro da música e dentro da direção, pois obedecem a um único intento e são realizadas por uma só pessoa, na base de uma concepção individual.

Falo naturalmente do cinema como arte (mas o cinema que não é arte quase sempre é teatro e deve então ser examinado na base das leis do teatro).

No cinema como arte, o roteiro ou é obra do diretor ou *acaba sendo* obra dele. Da mesma forma, na música, o libreto ou é do compositor ou acaba sendo por ele apropriado. As contribuições do roteirista no filme e do libretista na ópera têm valor técnico e não estético. Do ponto de vista estético, podemos dizer que o compositor conhece o verdadeiro sentido das palavras do libreto cujo autor desconhece; o mesmo acontece no cinema entre diretor e roteirista: só o diretor sabe o que aquelas palavras significam em termos de imagens, na obra realizada.

Quando algumas sugestões do libreto ou do roteiro são, porventura, executadas ao pé da letra, o libretista e o roteirista não podem orgulhar-se do resultado como se fosse obra deles; podem apenas orgulhar-se de ter inspirado um artista que aproveitou aquelas ideias ou palavras, assim como aproveita normalmente uma coisa qualquer que viu da janela, uma frase que ouviu na rua, um ruído que nele virou melodia, coisas que ele pode introduzir de propósito na obra de arte sem que por isso deixem de lhe pertencer, pois apenas ele as iluminou e lhes deu valor estético. Coisas: não arte, e sim matéria, ocasião, pretexto para arte.

O roteiro e o libreto não interessam ao julgamento estético antes de serem transformados em filme ou em ópera e melodrama. O filme e o melodrama são obras de arte definitivas e completas, que colocam os seus respectivos autores, diretor e músico, na família dos criadores, ao lado do poeta, do pintor, do escultor. (Para estes últimos, não surgem dúvidas porque, intuitivamente, seu trabalho se apresenta como individual, sem contribuições. O que parece diferenciar deles os primeiros é a presença de uma colaboração. Mas, pensando bem, quem sabe das inúmeras contribuições escondidas num quadro ou num poema? E, acaso, quem se interessa em conhecê-las? Não é evidente que a presença dessas contribuições nada subtrai ao poeta?)

Podemos dizer, afinal: *Aida*, roteiro de Ghislanzoni e direção de Verdi; ou, se preferirem, *O Delator*, libreto de Dudley Nichols e música de John Ford. O que não poderemos dizer, em hipótese nenhuma, é: *Hamlet*, libreto de Shakespeare e música de Max Reinhardt. Por quê?

Continuemos o paralelo. Até aqui, isto é, até a realização da ópera (música) e do filme (direção), as coisas procediam realmente de modo paralelo. O que vem *antes* da música, *antes* da direção, não é arte. E o que vem *depois*? Aí os casos começam a ser diversos. Para o filme, tudo acabou: nada poderá alterá-lo. Nem um incêndio na sala, nem um erro do operador na cabine poderão provocar mutações substanciais na película. O filme é uma unidade compacta, concluída, imutável. Para a ópera, nesse ponto, começa uma nova fase: a da execução e da interpretação.

O filme não é interpretável, nem por atores nem por cantores. No filme não há distinção entre texto e espetáculo, pois os próprios atores foram aproveitados pelo diretor (da mesma maneira que o compositor aproveita as vozes e os instrumentos) e depois fixados pela câmera em forma definitiva.

Falando a rigor, *o filme não é espetáculo: é texto*. A família à qual ele pertence não é a das interpretações, e sim a das criações; o filme não é comparável com o espetáculo de ópera, e sim com a música da ópera; não com o espetáculo teatral, e sim com a peça teatral. Com esta diferença: o filme não requer ulterior interpretação. Também por causa disso o cinema, arte plástica e visual, coloca-se ao lado das artes plásticas, pintura e escultura, onde o problema da execução não existe.

Na execução da ópera, ao contrário, intervêm novos elementos, os cantores e o regente de orquestra. Assim como intervêm, na execução da peça de teatro, os atores e o diretor. O paralelo que fizemos até aqui, entre ópera e filme, pode agora continuar entre ópera e peça. Pensando bem, podia ter começado antes. Com efeito, a ópera *possui valor estético antes de se transformar em espetáculo*; valor que pode ser comprovado pela simples leitura e que é o valor musical. Da mesma forma, a peça tem um valor estético absoluto, que pode ser julgado pela simples leitura: o valor literário.

Por isso, não podemos dizer: libreto de Shakespeare, música de Reinhardt. Porque é como se estivéssemos dizendo: libreto de Verdi, música de Toscanini. E isso todo mundo sabe ser falso.

A equação entre libreto e peça não resiste à análise, pois o primeiro não tem valor sem a música, ao passo que a segunda tem valor por si mesma. Não podemos tratar Shakespeare como matéria, ocasião, pretexto para arte, pois ele já é arte. A nova equação que podemos estabelecer é a seguinte: libreto = enredo da peça; música = peça; execução musical = espetáculo teatral. Um pretexto de arte; uma obra de arte; a interpretação de uma obra de arte. No caso do cinema, muito a contrário, havia apenas um pretexto de arte e uma obra de arte. O caso encerrava-se aí.

Então, o diretor de cinema é um artista e o diretor de teatro, não? A rigor, isto é, considerando o artista como absoluto criador, não há dúvida: o diretor de cinema é um artista, o de teatro é um intérprete. O primeiro se parece com Verdi, que transforma em música os maus versos de Piave e os bons versos de Boito; o segundo, com Toscanini, que interpreta a música de Verdi.

Não sendo artista, o que é, afinal, o diretor de teatro? Um crítico, meus amigos, um crítico! Vejam como isso explica meus pontos de partida:

1. Bragaglia não tinha razão de considerar o teatro como ópera e como cinema.

2. Eu tinha alguma razão de pensar que o meu amor pela literatura era o que me empurrava para o teatro. Somente poderia ter reconhecido uma razão mais profunda: a razão pela qual me afastei do cinema e me metia no teatro era que eu ia descobrindo em mim uma certa insuficiência criativa e uma certa maturidade crítica.

Uma vez esclarecido isso, eis descortinar-se um novo cenário, bastante obscuro, a clamar por luz. Trata-se de duas objeções formidáveis:

1. A peça tem valor literário e o espetáculo valor teatral. Não serão esses, por acaso, dois valores estéticos, ambos legítimos, independentes e equivalentes?
2. Admitindo que o diretor seja um intérprete, quem afirma que o intérprete não é artista? Por que somente um "crítico"? Toscanini não seria um artista?

Olhando bem para a primeira objeção, veremos que não é aceitável. A peça tem valor literário, está bem, mas trata-se de uma literatura especial: a literatura dramática. Dentro de seu próprio valor literário, a peça tem um valor teatral. A peça não é uma obra de literatura que cabe ao diretor e aos atores transformar em obra de teatro; ela é uma obra de teatro escrito que devemos transformar em teatro representado.

Em que consiste o valor teatral de uma peça? Naquele espetáculo ideal, naquela "direção impalpável" que o autor tinha em mente ao escrevê-la e que o leitor imagina ao lê-la. À simples leitura, a peça *determina um espetáculo* cujas linhas essenciais, cujos efeitos básicos, cujo ritmo fundamental cada leitor pode individualizar. A linguagem do dramaturgo não é feita de frases e palavras apenas com algum sentido musical ou informativo, lírico, narrativo ou descritivo; é feita de diálogo e de ação. Essa linguagem se compõe de cortes, pausas, valores sublinhados ou subentendidos, abreviações, acelerações, divagações, imprevistos – valores que embasam o espetáculo e que, mesmo sem determinar todos os pormenores da execução, traçam seu rumo essencial.

A peça não nasceu para ser lida, nasceu da ânsia de ser representada; dessa ânsia, dessa *vontade de espetáculo*, ela traz as marcas em cada palavra. Cada dia aparece uma peça da qual os entendidos dizem: "Não é teatro". Por quê? Porque não sentiram, na leitura, a necessidade do espetáculo.

A função do diretor será a de obrigar ao espetáculo as peças que *não são teatro* ou, então, a de transformar em espetáculo as peças que *são teatro*? Evidentemente, esta última. Na transformação, o diretor poderá até inventar efeitos mágicos, contudo, sempre dentro daqueles trilhos que a técnica dramática da peça em si, isto é, seu espírito manifestado em linguagem, terá lhe indicado e imposto.

Admitindo, então, que o diretor seja criador de alguma coisa, ele sempre precisa de um texto sobre o qual efetuar a sua criação; admitindo que seu trabalho seja arte, trata-se de *arte sobre a arte*, arte que aproveita a arte. Isto é: interpretação.

Na verdade, acredito que exista, de cada peça, uma única "direção", um único "espetáculo": um espetáculo ideal, do qual vários diretores vão se aproximando por itinerários diversos, mas que é sempre o mesmo. Chego até a afirmar que tudo, até o menor efeito de luz, está dentro do texto. O fato de serem diferentes as versões cênicas de uma peça não estabelece contradição: quem conhece um pouco de dialética reconhecerá, nisso, a passagem do *um para o múltiplo* e do *múltiplo para o um*, que é a eterna fratura da existência, o próprio ritmo da realidade.

Um intérprete, então. E um intérprete é, ele também, artista?

Bem, um intérprete não é artista no sentido absoluto; quero dizer que não é artista de forma imediata e, sim, mediata: um artista submetido a certas condições e limitações. Por exemplo:

1. Ele precisa de um texto para interpretar, texto válido mesmo sem a sua interpretação;

2. O trabalho do intérprete não tem uma forma estável, imutável, e pode até variar a cada noite, dependendo dos acidentes mais imprevisíveis;
3. O trabalho do intérprete morre junto com ele e não permanece no tempo, pois não possui uma forma capaz de fixá-lo e conservá-lo.

Essas coisas qualquer um sabe e compreende. Todo mundo faz distinção entre Toscanini, por mais genial que seja, e Verdi ou Beethoven. Entretanto, pode parecer absurda a denominação de "crítico" que quero dar ao diretor teatral.

O espetáculo tem dois tipos de intérpretes: o diretor e o ator. O ator constitui o lado irracional, intuitivo, sensitivo, fisiológico da interpretação; por isso mesmo há coisas no texto que somente o ator é capaz de ver e realizar. O diretor representa o lado intelectual, racional, lógico, estrutural, organizativo; por isso mesmo, da linha geral do texto, seu ritmo e sua sequência, suas proporções e estrutura, somente o diretor entende. O ator precisa do diretor para compreender o texto: o diretor precisa do ator para senti-lo. Daí a necessidade de uma colaboração com armas brancas, sem a qual o teatro, atividade por excelência democrática, vira ditadura, perdendo o equilíbrio necessário à interpretação do texto que deve ser realizada por ambos com a maior humildade. (Eu acho que a direção teatral é – em 99,99 por cento dos casos – direção de atores: tudo o mais é complemento).

Por esses motivos o diretor é um crítico. Os grandes espetáculos a que tenho assistido na minha vida eram tão perfeitos, desse ponto de vista, que revelavam não apenas as qualidades e sim os piores defeitos do texto.

E um crítico não pode ser, ele também, artista? Quero dizer, um artista mediato, um intérprete? Alguém capaz de fazer arte sobre a arte?

Penso em Sainte-Beuve, em De Sanctis, em Gundolf, em Berenson, em Lukács e no admirável Charles Du Bos, de quem vocês, intelectuais católicos, justamente se orgulham.

Para eles, a crítica é inteligência e paixão, intuição e revelação, psicologia e técnica; senso das relações humanas e síntese histórica. São eles que revelam a secreta conspiração da história e exibem seus resultados à luz do dia. Devemos-lhes o fato de o poema não ficar trancado e indecifrável dentro dos livros e passar a pertencer a todos nós.

Não fará outra coisa o diretor de teatro, devolvendo ao povo o milagre da criação poética e revelando sua mensagem universal. Em cada noite de estreia, repete-se esse milagre. Do povo, saiu um poeta capaz de exprimir os sentimentos e as ideias de todos de maneira a torná-los claros a eles mesmos; no espetáculo, efetua-se esse reconhecimento do povo e da história dentro de sua expressão típica; a mensagem é decifrada e revelada, encarna-se em pessoas físicas, em vozes; tudo isso faz daquela noite uma unidade não repetível. Durante tudo isso, um homem, já distante, capaz de pensar em outra coisa, está na coxia. Se alguém lhe perguntasse quem fez aquele milagre, ele responderia, como Iago a Desdêmona: "Minha senhora, não me faça uma pergunta dessas, pois eu sou apenas um crítico". Lá, no palco, se conclui a longa viagem do teatro. Nascida dos homens e da história, nossa arte com sua mensagem retorna ao homem, à história. Estou certo disso. Esta certeza ilumina cada uma de minhas aproximações ao teatro. Cada vez que na história aparece alguma coisa profundamente viva, importante, nesse momento sentimos a necessidade do teatro.

Em 1945, eu viajava pela Itália, correndo para rever, depois da longa noite da opressão nazista, as cidades do norte finalmente livres. Encontrava a cada passo os frangalhos, o sangue da nação convulsa, fragmentada, ainda fumegante do desastre. Via gente ir e voltar pelas ruas cheias dos destroços das casas destruídas. Pensava: "Alguma coisa será preciso fazer por eles. Que teremos para dizer a eles, nós, gente de teatro? O teatro não pode desprezar o homem. Não terá chegado a hora de jogarmos ao mar nosso intelectualismo, nossas superstições estéticas e procurarmos a linguagem de todos?"

Aí, o hegeliano surgiu e disse friamente: "Calma, meu filho. Você não pode escapar a si mesmo. Acabará confundindo poesia com demagogia. Nós não somos sequer os primeiros de amanhã; somos, apenas, os últimos de ontem. Continue sendo o que é: velho e novo, antigo e futuro".

"Que é que eu devo fazer, então?" perguntei.

"Faça o possível", respondeu. "Faça todo o possível."

O carro acelerava entre os destroços das cidades. No meio das casas desmoronadas, o eterno Hamlet europeu ia atrás de seus fantasmas, continuava às voltas com os seus problemas. Tese, antítese, tese, antítese… E a síntese? Oh, com certeza, amanhã; pois ele já ouvia as fanfarras de Fortinbrás anunciando o futuro: o tempo inevitável da dignidade humana.

TEATRO NO BRASIL

I. IMAGEM DO BRASIL

No mapa, o país é desmedido. Como também o é na mente, na consciência, na memória. Nem mesmo no mais elegante apartamento em Copacabana, no mais resplandecente escritório de São Paulo, pode-se deixar de sentir o zumbido, uma espécie de agitação, o ramalhar dessa imensa massa territorial ao nosso redor. Uma vasta selva vem amarrar nossos pés, os rios fluem pelos nossos olhos, tudo ruge e brama em volta do homem e contra o homem. Os céus se esgarçam desertos, incomensuráveis, sobre nossas cabeças, de norte a sul. Grande como a Europa. É outra Rússia. Outra China, mas com menos povo, com largas áreas inexploradas, outras sem lavra, outras apenas espalhadas por lugares remotos. É na América do Sul, dir-se-ia, mas eu mais diria que o Brasil não é América do Sul. É outra coisa. É o Brasil e só.

A América do Sul hispânica tem seu próprio conjunto de características definidas e similares. Porém, por aqui se fala português, por aqui passaram os holandeses, aqui havia escravidão com seu povo negro, por aqui há tipos totalmente diferentes de índios que permanecem em sua distância, em sua nudez, em sua natureza. A recente mistura de raças e a imensidão do território fazem desse um país único: é o Brasil, o único país autônomo e com cara própria neste outro hemisfério, além dos Estados Unidos.

No entanto, é, ou era até ontem, um gigante adormecido. Com sua melancolia, seu devaneio, sua ironia, seu ceticismo feroz. Se ele acordar, pode abalar o mundo. E quem saberia dizer qual será o ritmo de crescimento desse gigante e de quanto tempo ainda precisará para acordar, de qual energia colossal e confiança ele precisa para começar a ser ele mesmo?

No noroeste, é natureza. O rio Amazonas, o Mato Grosso, tudo que o jornalismo e o cinema já exibiram um milhão de vezes, sob o signo da anomalia. Em contraponto, o nordeste abriga a miséria e a dor, com um sol que racha literalmente o solo, com homens resumidos à sua magreza agarrando-se a seu destino estéril com uma dignidade sem paz. No planalto de Goiás, o monstro gigantesco repousa escultural para depois, descendo, humanizar-se e se tornar afável, sofisticado na beleza arrumada de Minas Gerais. Ali nasceram as leis e a poesia, a ironia e o trocadilho.

Mas agora tudo corre para o litoral: o povo negro deixou em Salvador a marca de suas antigas civilizações, na música e na religião. Os navios o trouxeram escravo para a Bahia, mas logo ficou bem claro que é rei. As igrejas católicas se enleiam nos ritmos noturnos do *candomblé*, evocando seus obscuros protetores agachados à sombra da natureza. O mar leva embora as jangadas e tudo jaz, com certo pressentimento de continuidade universal.

Rio de Janeiro é a capital do Império e da República, sinal de que a velha colônia se transformou sucessivamente nessas outras duas realidades, alojando-se na praia. Coqueteria à francesa e mecanização à americana não ocultam um fundo de burguesíssima e desligada malandragem, muito latina, quase romana; e certa mesquinharia que vem de seus portugueses habituados à luz de velas, ao meio vintém, ao sacrifício.

São Paulo é o gigante dentro do gigante e o renega, recusa ser natureza porque deseja ser pedra, ferro, um cintilar elétrico, dinâmico, moderno, que alimenta o resto do país e inventa as estruturas da riqueza e do bom gosto, as soluções aos problemas irresolúveis, trabalhando de sol a sol e reduzindo os imigrantes a um novo biótipo da espécie humana, o *paulista*, o qual é desmemoriado, pois nasceu ontem, é natural do agora.

Em seguida vamos ao sul, e no Rio Grande a paisagem e sua alma tomam um colorido meio espanhol; o gaúcho brasileiro é quase um gaúcho argentino e na planície percebe-se a cadência dos *pampas*. Mas há a presença italiana que muda tudo, há a grande comunidade alemã ilhada nas terras de Santa Catarina. No Paraná, dezenas de milhares de japoneses atapetam os campos como formigas.

Ainda assim, tudo é Brasil: e só Brasil. Por aqui não houve guerras civis, revoluções uma atrás da outra nem generais de opereta. O homem é pacífico, raramente derrama sangue e sempre por razões individuais, por ardor; coletivamente eles são mansos, à vontade, acomodados. Nega toda imaginação tradicional sanguenta, não acredita na violência. Por isso, também, não é latino-americano.

Paisagem Plástica

Perambule por São Paulo, atordoado pela alteza dos arranha-céus, pelo ruído dos carros, pelo ímpeto vertiginoso dos viadutos que interligam, lá no alto, estradas e praças, debruçando-se sobre grandes avenidas frenéticas. Em cada edifício, séries de elevadores sobem e descem sem parar: à noite, milhares de janelas o cravejam; se você contá-las, para tentar entender quantos apartamentos, quantos escritórios cabem em um só edifício, vai parar no mesmo instante:

é de ficar tonto. Em seguida, vá aos bairros residenciais, como são chamados, onde há de tudo, de moradias americanas a casas medievais, em estilo Coppedé. Os turcos (assim o povo chama os sírios, os libaneses), inúmeros e ricos, têm construído palacetes com jardins, em puro estilo neoclássico, ideais para hospedar uma tragédia familiar à maneira de O'Neill. Depois, direcione-se para os bairros populares onde encontrará a atmosfera mais caseira de uma cidade piemontesa, feia e repleta de fábricas cinzentas e de lojinhas sórdidas, com alguns prédios novos. Mais alegre é o Brás: com suas casinhas do princípio do século, os pátios cheios de roupas penduradas, botecos bem ao jeito italiano. Línguas oficiais: calabrês e espanhol. Em algumas regiões do centro, ouve-se falar japonês; são ruas discretas, com corrimãos e fontanelas do século XIX, cômodos sem luz e sem conforto, escritórios sem ar. Após esta jornada, tente dar um sentido a tudo: conseguiu identificar alguma peça de boa arquitetura moderna, a velha é quase toda feia; mas não encontrou o fio condutor desta paisagem de pedra.

Vá então ao Rio de Janeiro e comece a entender. A cidade é didática, repartida: os novos ministérios e museus mostram o rosto de uma arquitetura moderna arejada e fantasiosa, nas velhas ruelas encontra-se um estilo oitocentista ainda colonial com algum cantinho mais antigo (oh, o inesquecível largo do Boticário, seus balcões à espanhola, seus azulejos portugueses, a quietude das farmácias da rua do Ouvidor!) e, finalmente, os monstruosos resíduos do estilo *art nouveau* da Primeira República. Desloque-se rumo à zona sul, Copacabana te espera. Espetaculosa, mas aqui não vou falar da natureza ou do homem: falo, digamos, do visual histórico. Copacabana é toda turística e luxuosa, de uma maneira mais ostentosa que acolhedora, e a luz do sol durante o dia e do néon durante a noite perturba tudo, no fluxo da maluquice própria do bairro; que talvez nem seja um bairro e sim uma verdadeira cidade, uma cobra gigante balneária-comercial-erótica que serpenteia na margem do Atlântico, limitado pela interminável calçada de sinuosos desenhos em mosaico preto e branco. Mais acima, ao redor de tudo, trepando nos morros, as inacreditáveis favelas dos miseráveis. Dá sempre a impressão de que, dia ou outro, vai ruir tudo, deixando o morro descampado.

Então, começa-se a entender. A arquitetura verdadeira, legítima, do Brasil, são duas: a colonial, da qual você conseguiu vislumbrar um trecho, salvo por milagre da fúria imobiliária; e a moderna, de Lúcio Costa, de Oscar Niemeyer, de Afonso Reidy. As obras destes são belíssimas, ainda que em algumas (especialmente em Niemeyer) reapareça uma veia de decorativismo, um *parti pris* da forma externa que se quer extravagante e impressionante, e que nasce preconcebida, forçando todo o resto a se adaptar. A arquitetura colonial é magnífica, feita pelos mestres construtores portugueses que só visavam o essencial, a função do edifício, acrescentando-lhe somente a graça tradicional dos seus parapeitos, cornijas e telhas polidinhas. No período do meio, entre o colonial e o moderno, foi o estrago, o desperdício, o delírio dos arquitetos estrangeiros do século XIX, ou pior, começo do XX, alimentado por certo esnobismo local com o resultado mais pretensioso que se possa imaginar e com as invenções mais ridículas, dado o *habitat* tropical: tetos inclinados, de influência nórdica e destinados à neve; dentro das casas, até lareiras. Seria a mesma coisa vestir casacos de pele, com quarenta graus de calor. Os modernos, até aqui, fizeram a sua revolução, antes de tudo, em nome da realidade local.

A vertigem da cultura colonial, vá buscá-la com uma viagem ao norte. Onde não somente há aquele agradável bom gosto de moradias que já notei, mas também há o barroco. O esquisito, ardente barroco brasileiro, com seus santos de madeira e seus ouros; seus palácios apodrentados de tanto silêncio e retorcidos na forma espiral de suas fachadas; as igrejas rachadas entre sombra e luz. Ouro Preto é a capital do barroco, fincada no coração das Minas Gerais, pequena, afetuosa e mística como uma Assis reconstruída por sicilianos. Mas como faremos para descrever Ouro

Preto? Murilo Mendes escreveu um livro inteiramente para ela, em versos. E muitos outros, de Manuel Bandeira aos especialistas em arquitetura colonial, traçaram seu guia sentimental ou turístico. Em Congonhas do Campo, a grandeza do Aleijadinho, com suas estátuas de profetas bíblicos, provoca a imensa vastidão do céu, estorva o espaço e o faz rodar na direção que lhe convém: um escultor da linhagem de Michelangelo, um Bernini aleijado e louco. Chamava-se Antônio Francisco Lisboa e sua vida conturbada perde-se no final de um século XVIII sem história.

Também no Recife encontrará traços do beato e gorducho Brasil português que se funde ao desenho lagunar da cidade; e na Bahia, onde cada igreja é um milagre desde as mais comoventes capelinhas, recolhidas em sua nudez, até o ouro e as voltas dengosas das grandes paróquias dos aristocratas.

A pintura e a escultura como propósitos estéticos são fenômenos típicos do nosso tempo. Com uma grande confusão de tendências, mas também com alguns nomes excepcionais, de Portinari a Lasar Segall, de Pancetti a Di Cavalcanti, de Clóvis Graciano a Aldemir Martins, de Goeldi a Fayga Ostrower, de Bruno Giorgi a Mário Cravo.

Paisagem Interior

Talvez a característica fundamental do brasileiro seja a religiosidade. Nos dois sentidos da palavra: o de apelo universal e o de *religio* no sentido de *re-ligare*. Assim sendo, nos dois polos opostos de sua cultura (que é toda romântica, porque o país surgiu de sua independência material e moral no tempo do romantismo, e esta é toda sua tradição) descobrimos ora um lirismo solitário, feito de misticismo panteísta, ora um espírito de culto gregário.

E toda de cultos é feita a história desta cultura, tão singularmente desprovida de coordenadas filosóficas. Os portugueses vieram trazendo um catolicismo muito tradicional e fechado. O iluminismo setecentista não se manifestou.

A cultura negra também interferiu, com sua mitologia assombrosa, seus ritos, suas conversas com o além. Sendo assim, a presença da natureza e o pensamento da morte, naturais àquela paisagem e clima originário, se interligaram já na base. O sincretismo religioso tomou então suas formas mais bizarras. Uma onda de afetação victor-huguiana varreu e misturou todos estes elementos. Depois houve o positivismo, mas logo ao lado veio o espiritismo, que atualmente tem no Brasil o seu centro máximo de culto. Vitória, sempre, da irracionalidade.

O positivismo foi o momento mais lúcido e o único verdadeiramente humanista desta cultura. O país lhe deve a abolição da escravatura, a formação dos quadros educacionais e militares, a constituição da república. Mas até o positivismo tem sido, no Brasil, mais confiado à retórica do bom senso do que à lógica. Faltava-lhe o sentido histórico: enxergava apenas o eterno retorno. Até o marxismo no Brasil herdou um pouco deste espírito e custa a libertar-se dele, apesar do esforço de alguns intelectuais importantes.

Não houve Kant, não houve Hegel. Uma formação metafísica toda ibérica ou francesa não levou a nada além de mitos e, quando se quis trazer ao campo a razão, não serviu para introduzir a racionalidade, mas apenas o razoável. Do positivismo, pulou-se para o misticismo moderno, do tipo existencialista e daí às fenomenologias, metodologias e logísticas que hoje fazem sucesso na Universidade. Da dependência francesa, passou-se à dependência anglo-saxã sob a pressão de circunstâncias políticas, geográficas e econômicas facilmente imagináveis no âmbito do Ocidente atual.

Mas esta é a cultura da Universidade e não espelha o país onde um terço da população é analfabeta e – da massa alfabetizada – apenas uma pequena parcela continua para além do ensino médio. Aqui o sincretismo religioso é predominante em todas as suas declinações: afro-católico, afro-evangélico, afro-espírita, católico-espírita, espírito-protestante. No santuário de qualquer terreiro, nas noites em que se festejam os rituais noturnos da *macumba*, na língua e segundo a hierarquia introduzida pelos escravos, há sempre pelo menos um São Jorge. Quem é São Jorge? É Ogum, o espírito da guerra. E quem é Ogum? Naturalmente, é São Jorge.

Nos terreiros de *umbanda*, um culto de tradição animista africana, aspira-se ao reconhecimento científico, daquele tipo positivista oferecido pelo culto espírita; mas este, por sua vez, tenta incorporar os símbolos e a moral cristã, a qual se divide em mil tentativas de reforma. Isso não significa que o catolicismo romano não resista, em sua totalidade; ou que não existam zonas de tranquilo ateísmo; mas o fenômeno é amplo e significativo.

A ausência marcante é o sentimento da História, que é tão essencial para nós. Os jovens estudantes se dispõem tecnicamente a lidar com a natureza e com as circunstâncias do presente. E os analfabetos, ou semiletrados, falam à noite com os mortos, tentando se agarrar a uma cadeia de fenômenos que tende ao infinito. Ora, reencontraremos esta obsessão pelo infinito, este romantismo religioso que embasa tudo, também nos modos da expressão artística; ainda que justamente esta, em falta de uma verdadeira estrutura cultural, provoque a crise daquelas bases, criticando-as indiretamente.

Samba e Tal

As rádios do Brasil vomitam música popular a toda hora. As lojas de disco são repletas de LPS recentes e de capas berrantes. O número de boas orquestras, de bons cantores, rodeados por uma comovente popularidade, é impressionante. E depois há o carnaval, que explode seu ritmo pelas pernas de todos, sua canção no peito de todos. O estrangeiro que chega é cercado por uma onda de música, entusiasma-se e dificilmente entende, não consegue fazer distinções. Sente, apenas, que não se trata da monótona industrialização de um velho patrimônio popular, como o tango argentino; que a classe daqueles cantores não tem nada a ver com a gritaria dos nossos; e que a corrida para o sucesso das marchinhas carnavalescas não depende de cartas marcadas, como no Festival de Sanremo. É um fenômeno mais alto e mais vasto, onde o público tem um peso decisivo e esmaga qualquer burocracia, qualquer propaganda, mandando e desmandando. Como uma Nova Orleans perene que houvesse tomado o poder. Onde há, antes de tudo, a diabólica competência do público que reconhece imediatamente tom e ritmo nacional, sem, no entanto, mostrar-se conservador; ao contrário, está aberto para achados geniais e soluções modernas, mas descarta de imediato os disfarces turísticos, as americanizações, os truques pseudossinfônicos. Há, ainda, a consciência dos compositores e dos executores; pelos quais uma simples canção é, instintivamente, um problema estético, e deve ser levado ao grau certo de elaboração contendo elementos de clareza, de emoção, de universalidade. Palavras parecem um desperdício para explicar algo tão simples; mas o fato é que a aura fantástico-social do país é toda musical, o sentimento nacional estoura em fluxos de música.

Houve, e ainda há, o folclore no estado puro. A obsessiva marcação dos *pontos de macumba*: cantigas da umbanda que evocam os deuses do paraíso africano e ajudam os fiéis a sentirem-se possuídos, à beira duma identificação delirante; que, também, é musical. E o *maracatu*, os *reisados*, onde as tribos e os quilombos de ex-escravos retomam a dignidade de suas hierarquias, das monarquias da selva, sob ingênuas fantasias ocidentais. E o *frevo* pernambucano, que faz enlouquecer a folia carnavalesca em torno dos "passistas", os quais dançam quase sentados no chão, equilibrando-se vertiginosamente com guarda-chuvas que mantêm abertos e seguram com a mão direita. E as danças espanholas do sul, na batucada dos golpes de tacão e de esporas no chão das fazendas e dos açougues. E os portugueses cantando seus *fados* à noite, dolentes melodias de amor, às quais muito deve um tipo peculiar de valsa lenta que ficou muito em voga no Brasil vinte anos atrás; assim como as *modinhas* da época imperial repetem as romanças de salão francesas e as árias das óperas italianas. E o velho *maxixe*, do qual o samba herdou a forma e a estrutura. E o *chorinho*, que é um gênero clássico, mozartiano, de música popular. De poucas palavras e intenso, solilóquio da flauta com o vertiginoso mexerico de comadres do quinteto de cordas, um *chorinho* todo fofoqueiro de Jacó ou de Nazaré, de Pixinguinha ou de Benedito Lacerda, traz a melancólica alegria afro-lusitana a um grau de dignidade formal quase racionalista. Só que no rádio, no carnaval e na boca do povo, o que reina é o samba. Quem foi o criminoso que o rebatizou, em italiano e em francês, "a" samba? Não se muda impunemente o sexo de um pivete assim, peste, malandro e cara-de-pau. Durante o carnaval, o garoto tem uma irmãzona, que é a *marchinha*: marcha-se precisamente para fazer a cantoria em coro e avançar com passos frenéticos num cortejo. O samba é rei, ou melhor, é a família real. Pois sambas, ou tipos de samba, há muitos.

Existe o *samba-canção*, que é poesia pura, altamente lírica, tecida com amor e com dor. E o *samba de breque*, cheio de freadas, de desvios, todo improvisado na cara dura e zombando, com uma autocrítica perpétua, da sua própria inspiração; ou então humorístico, descrevendo figuras do cotidiano, situações sociais e fazendo piada do governo. E há o amplo samba carnavalesco, para ser cantado em coro, que é uma desenfreada reza da cidade aos seus ídolos; pois este último tem pátria bem definida: é "natural do Rio de Janeiro". Mas todos os sambas, hoje, são cariocas; e que me perdoem Eugenio Montale ou os produtores dos filmes americanos de Dolores Del Rio, mas "carioca" é somente um adjetivo, indicando a origem. "Carioca" é o individuo ou a coisa do Rio. Pode-se ser carioca como se pode ser *palermitano*, *spezzino* ou *urbinate*. Ou muito mais que isso: pois ser carioca é uma condição da alma.

O carioca das colinas, com seus milhares de barracos de trapos, madeira e latão, o cidadão do "morro" ou da "favela" dá ao samba um tom negro, por meio de raça e humor.

Mesmo que goze, se iluda, se exalte. Mas o carioca do asfalto traz no samba as inquietações dos brancos, a vida contemporânea, a dialética das paixões civilizadas. Começou com Noel Rosa, extraordinário sambista, nos versos e na música, de origem burguesa, com um *páthos* melancólico e regional próprio do tímido bairro de funcionários de Vila Isabel. Em anos mais recentes, vieram os rapazes de Copacabana, os *angry young men* da música, mas não tão zangados a ponto de perturbar a tradição. Inventaram uma "bossa nova", um jeito moderno em que há a preocupação de um arranjo mais íntimo entre as palavras e a música; ao ponto que alguns ilustres nomes das letras chegaram junto com eles até às margens do samba, o primeiro de todos, o grande poeta Vinícius de Morais. De qualquer maneira, o samba faz sucesso por toda a parte e se articula em centenas de formas. De um lado temos o baiano Dorival Caymmi, uma voz isolada e inconfundível a narrar pequenas cenas pitorescas de barcos e sereias, às vezes trágicas, na cidade de Jorge Amado e das trezentas e sessenta e cinco igrejas. De outro, temos o gaúcho Lupicínio Rodrigues. E ainda temos Ary Barroso, com as suas invenções grandiloquentes de mestre barroco. E quantos compositores! Quantos intérpretes! Talvez a mais bela descoberta do Brasil se faça assim: na base de um violão, de uma voz, de um disco.

Um Gênio

Se me perguntassem à queima-roupa: o Brasil já produziu um gênio, um criador universal, um espírito único e irrepetível? Eu pensaria um pouco; e me passariam pela cabeça a sutileza e o estilo brilhante do romancista Machado de Assis, ou ainda a prosa áspera, seca *à la* Verga[1], de Graciliano Ramos; pensaria em Aleijadinho; reveria em meus olhos as

1. Giuseppe Verga (1840-1922), escritor italiano de estilo *verista,* isto é, extremamente naturalista.

estruturas deslumbrantes da nova arquitetura; cantarolaria uma estrofe de Gonçalves Dias ou certos versos pescados por Carlos Drummond de Andrade nas águas profundas da angústia do século XX; mas, finalmente, eu responderia, capturado e extasiado por uma imagem de força ainda maior: um gênio, sim, Villa-Lobos.

Heitor Villa-Lobos morreu no final de 1959, circundado pelo imenso respeito de um público que, estranhamente, não o havia conhecido e nem apreciado muito. No entanto, muitas nações do mundo têm reverenciado sua grandeza; contudo, sua voz destrambelhada e potente, seu dilúvio de música, vale na história do século na medida de grandeza de um Stravínski e pouquíssimos outros.

A sua é uma voz inigualável: sua tradição é outra – qual deve ser? – e os seus modos não se assemelham nem aos modos dos conservatórios nem aos da vanguarda. Na partitura, parece absurdo aos professores, pueril aos jovens compositores. Nos ouvidos, é ele que tem razão. Sua retórica não dá vontade de rir: dá medo. O material folclórico sai de suas mãos irreconhecível, envolto de graça, impulsionado por um furor sem nome. Sua música faz da orquestra um rio Amazonas, esfola as mãos e os lábios dos músicos, depois se reduz a um fio de melodia pura, solitária como uma estrela. Às vezes recolhe uma cantiga de vilarejo, uma ciranda de educandário e, sem mudar quase nada – mas um nada que só ele sabe –, as transforma em dois ou três minutos de piano ou de canto de tirar o fôlego, antológicos.

Os grandes músicos brasileiros, de Mignone a Santoro, vivem com esta montanha no estômago: não dormem à noite. Ou se entregam à dodecafonia, à música eletrônica, como qualquer garoto medíocre de Milão ou Greenwich Village. Ou reelaboram – como o excelente Camargo Guarnieri – o folclore nacional de uma maneira oposta à de Villa-Lobos: não torrencialmente lírica, mas escassa, prosaica, matemática. Claro que já se foi o tempo em que o maior compositor brasileiro era Carlos Gomes, que está inscrito em nossos manuais de história da música como compositor de ópera italiano, mais precisamente verdiano. O país, aqui também, saiu vitorioso.

Língua e Poesia

Diz o samba de Noel Rosa: a língua que falamos "é brasileiro, já passou de português". Porém, a literatura demorou quatro séculos para assumir esta condição. Portuguesíssimo é o arcadismo, que corresponde em tempo e espírito ao homônimo movimento italiano, mas não raras vezes vai mais fundo na emoção; e é portuguesa, também, a forma como os melhores românticos encarnam um sentimento nacional já desperto em epopeias indígenas (Gonçalves Dias) ou no grito de liberdade dos escravos (Castro Alves). A primeira ocorrência de modos linguísticos novos foi, talvez, nos diálogos de Manuel Antônio de Almeida e do comediógrafo Martins Pena: ingênuos e encantadores cronistas da diminuta burguesia carioca da primeira metade do século XIX. O romance, com José de Alencar, começa a derreter um pouco, cautelosamente, as duras estruturas da sintaxe lusitana e conta as fábulas da selva. Os naturalistas, especialmente Aluísio Azevedo, vão aproximá-lo da vida do povo; e um grande narrador urbano será, no princípio desse século, Lima Barreto, o exemplo mais pertinente para a nossa ideia de realismo.

A segunda metade do século XIX e os primeiros anos do XX serão dominados por uma preocupação de estilo e de pureza, pelo contágio de exemplos franceses (Flaubert, o Parnaso). Por aqui triunfa Machado de Assis, o mais absoluto escritor do país até hoje, com uma tranquilidade externa, uma ironia, um pessimismo, um classicismo instintivo que quase escapam das características nacionais e não o fizeram simpático ao povo, mais atraído pelas formas da eloquência lírica, de imagem e de canto. Entre os parnasianos, o mais popular foi Olavo Bilac; mas Raimundo Correia é mais poético, com sua lenta música meditativa.

Talvez o grande resultado do parnasianismo brasileiro se deu em prosa, com *O Ateneu* de Raul Pompeia, belo livro de recordações de colégio, com uma intensidade plástica e psicológica singular. O período termina, em prosa, com a vazia e elevada fecundidade de Coelho Neto, eivada de tons declamatórios *à la* d'Annunzio[2]; em poesia, com os simbolistas – suas vozes esplêndidas, estranhas ou delicadas – em tom de mistério: e não o retorcido e rapisardiano[3] Augusto dos Anjos, injustamente famoso; mas com certeza, à margem da escola, o emocionante Vicente de Carvalho, com seu mar selvagem e suas rosas em chamas; e, no topo da lista, o verlainiano[4] Alphonsus de Guimarães e o negro Cruz e Souza. Este último, enamorado pela sofisticação estética e metafísica da mais fútil decadência francesa, obcecado pela ideia do branco – luas, lírios, hóstias consagradas e até a neve que nunca viu, senão em sonhos – dispara com assustadora elegância as suas ladainhas de palavras que se diluem em música, melodias de uma insônia massacrada pelo Absoluto.

Sozinho e austero, em um espaço feroz de polêmica, Euclides da Cunha conta, em *Sertões*, as rebeliões místicas do Norte, a fome e a superstição, a sangrenta repressão militar, em uma linguagem enrolada e solene, recheada de arcaísmos e de tecnicismos.

1922: a revolução vem de São Paulo. E de onde mais? Só poderia ser dali: do centro do europeísmo científico, da organização industrial, da consciência operária. Do caldeirão de raças. Da cidade que transforma imigrantes em milionários, revolucionários e criadores. Oswald de Andrade dissemina Apollinaire, Picasso e o futurismo italiano; mas ele também busca os temas nacionais, uma "brasilidade" que remonta à antropofagia. Mário de Andrade

2. Gabriele d'Annunzio (1863-1938), poeta italiano símbolo do decadentismo nacionalista.

3. Mario Rapisardi (1844-1912), poeta italiano do tardo romantismo, militante no movimento risorgimental da Scapigliatura e muito admirado pelo Imperador dom Pedro II.

4. Paul Verlaine (1844-1896), poeta francês associado ao simbolismo.

entendeu rapidamente: a revolta literária era um fermento de crescimento da nação, a descoberta de uma autonomia linguística, rítmica e psicológica. E acabou sendo ele o grande reformador: crescem os arranha-céus em São Paulo e cresce a influência de Mário sobre as novas gerações, a sua dedicação, suas críticas e censuras.

O modernismo dá as caras e surgem novos poetas, os melhores que o país já produziu: Manuel Bandeira, Carlos Drummond de Andrade, Murilo Mendes, Jorge de Lima, Cassiano Ricardo, Raul Bopp. A elegância e o mistério simbolista encontram nova forma com Cecília Meireles, com Augusto Frederico Schmidt. Uma grande avalanche de canções, um tanto libertinas e cheias de inquietações atualíssimas, origina Vinícius de Moraes.

O romance recebe um violento impulso pela poesia regional dos nordestinos: José Lins do Rego, que evoca as terras da cana-de-açúcar com estilo sempre incerto entre o realismo e o psicologismo, mas essencialmente plástico; Jorge Amado, de formidável veia lírico-épica, que do país do cacau sai na praça clamando por reivindicações de fundo social, em uma prosa que pretende ser música e romper qualquer nexo com o português castiço; Graciliano Ramos, o mais coerente e elaborado de todos, enxuto, quase monossilábico; Raquel de Queiroz, felizmente impressionista.

O romance urbano encontra seu caminho também, com Marques Rebelo, prosador afiado, de um sarcasmo apaixonado. Érico Veríssimo nos introduz ao mundo provincial e agrícola do sul. Toda uma geração de estudiosos talentosos se debruça sobre a história, sobre a sociologia, sobre a linguística, para descobrir o segredo do Brasil, seu passado, seu sentido, suas estruturas. Baste citar Gilberto Freyre, Aurélio Buarque de Hollanda, Caio Prado Junior. O último golpe à língua maternal será dado por Guimarães Rosa, com seu mimetismo narrativo entre o dialetal e o joyciano.

Agora, realmente, o lusitanismo é ultrapassado e o provincianismo de uma cultura de importação começa a se extinguir. Tanto aqui quanto nos Estados Unidos, as décadas de 1930 e 40 foram marcadas pela obsessão social: os anos da pressão cultural da esquerda, que culmina no período da Segunda Guerra, depois, expirando e se desviando um pouco. O pós-guerra lança novos narradores de fundo religioso, psicanalítico, metafísico – Otávio de Faria, Cornélio Pena, Lúcio Cardoso, Clarice Lispector – e toda a geração de 1945, que leva a poesia do modernismo quase a um neoparnasianismo, sob a influência de Rilke e Valéry. Quase o oposto do que aconteceu na Itália, mas quase igual ao que acontecia na América do Norte.

Mas a essência do humano e do real não morrem, mesmo que caiam as fórmulas provisórias do sectarismo e da demagogia. Hoje, ao lado das orgias, em parte oficializadas, da pintura abstrata ou da dita "poesia concreta", e ao lado do tecnicismo indiferente de um (para mim absurdo) *new criticism*, percebe-se que os dois momentos, modernismo do conteúdo e pós-modernismo formalista, estão prestes a encontrar uma síntese: podemos senti-lo, mesmo nos poetas da geração de 1945, à medida que crescem e que definem a sua personalidade. O ascetismo formal de um João Cabral de Melo Neto revela ser, cada vez mais, um retorno aos esquemas da música popular; e ainda, outros jovens, do católico José Paulo Moreira da Fonseca ao comunista Geir Campos, cantam as alegrias e tristezas da cidade humana.

Circunstâncias Sociais

A mais bela é a igualdade de raças, a inexistência do problema racial. Ao sociólogo francês que perguntava: "Et les nègres?", o colega brasileiro respondeu: "Ils sont tous en trains de devenir blancs"[5]. O país, nascido do natural instinto à miscigenação dos portugueses, que se mesclaram com seus súditos índios e escravos negros até gerarem

5. "E os negros? Estão todos virando brancos."

todos os tipos possíveis de mistura, não pergunta a ninguém de que é nem de onde vem. O italiano, por sua vez, demonstrou tamanha capacidade de apropriação que quase se tornou um segundo português. Mais relutantes, e por isso mais isolados, são alemães e japoneses. A situação dos judeus é singular: completamente brasileiros no topo da escala social, mais impenetráveis na base. Mas todas estas questões para o brasileiro são problemas de nação, de língua, talvez de religião, mas nunca de raça. Ninguém repara na cor do outro. Em nenhum país ocidental, o negro é mais radicalmente cidadão que aqui.

A pior é a seca. Todos os anos, quando este flagelo começa no Nordeste, um exército de miseráveis se move para o Sul: são *retirantes*, famílias inteiras que intermediários sórdidos muitas vezes ainda compram e vendem como escravos, oprimidos pela fome e expostos a todas as doenças, carne branca e pobre à venda no mercado urbano. Os governos enlouquecem atrás de providências. Algo está sendo feito, mas com muito ainda por fazer.

A mais grave é a inexistência do movimento sindical. A abrangente legislação sobre o trabalho, elaborada por Getúlio Vargas em seus tempos de ditador, não sem indícios de corporativismo, estabeleceu direitos e condições melhores para a massa dos trabalhadores, mas de cima para baixo, e assim continua sendo administrada, um pouco por causa da rede de interesses e poderes que se formou em torno do sindicato, um pouco pela indolência e indiferença de grande parte dos trabalhadores, que não conseguem imprimir nos órgãos de classe um verdadeiro impulso democrático. Esse fenômeno entrega o país nas mãos da política: dos políticos por profissão, dos advogados mais eloquentes e de empresários ávidos.

A mais entusiasmante é o petróleo. Desde que foi descoberto, o país inteiro investiu nele sua esperança e o defende, o quer como seu, tem um medo quase pueril da interferência estrangeira: a Petrobrás, instituição do governo dedicada à exploração desta nova riqueza nacional, da qual dependerá em boa parte o futuro, age sob os olhos febris do país inteiro. Os candidatos à presidência da República, nas últimas eleições, foram várias vezes julgados pela população com base na resposta a uma simples pergunta: o senhor é a favor ou contra a Petrobrás?

A mais complicada é a marcha para o oeste: a segunda, contando com a lendária marcha dos Bandeirantes do século XVII. Até agora, a nação tem ocupado principalmente o litoral, onde construiu suas fábricas e suas grandes cidades, fomentou a cultura e as atrações turísticas, onde fez com que o padrão de vida aumentasse. Agora, ela quer se mudar e se expandir através da construção de grandes rodovias que atravessem o país de cima a baixo, à margem das quais possam se erguer novas cidades, traçando um eixo vertical que redistribua a população para que ela explore áreas não produtivas, de modo a alimentar outras fontes de riqueza. É um movimento necessário, mas que estourou em um momento tão delicado da economia nacional que a nação inteira parece sentir o choque, permanecendo algo atordoada.

A mais nova é Brasília. Consagração natural do processo de marcha para o oeste, a nova capital foi inaugurada em 1960 por um gesto de força, com um ato de vontade, provocando uma reviravolta histórica. Pela primeira vez, foi dito: vamos agir, os problemas virão depois. Isso é uma verdadeira revolução do modo brasileiro clássico de fazer e de pensar. Como é Brasília? É bela, mas um pouco sonhada demais pelos arquitetos, toda desenhada em papel, contagiada por um monumentalismo futurista *à la* Sant'Elia[6]. Apenas a presença dos homens, anos e anos de história, o hábito de viver nela, o atrito que não destrói mas amolece as formas, vão torná-la uma cidade maternal.

6. Antonio Sant'Elia (1888-1916), arquiteto italiano futurista influenciado por Otto Wagner e pelo *skyline* das cidades americanas. Autor de inúmeros projetos, não conseguiu concretizar nenhum deles.

Nacionalismo

A realidade espiritual brasileira do momento, o leitor intuirá, reflete-se e se coagula em uma palavra: nacionalismo. Com todos os perigos que ela comporta. Mas não há dúvida de que o país, já adulto, apenas agora "se sente" uma nação. Língua e cultura, sistema jurídico e modo de vida adquiriram uma personalidade. E esta vai se transformando em fato prático, começa a ser notada no mundo, reconhece-se em sua independência e conta, finalmente, algo no congresso das nações. O Brasil entendeu sua vastidão e sua importância. Não quer mais saber de ser uma província cultural ou econômica de outros. A admiração incondicional pelo *vient de paraître* parisiense ou pelo *standard of life* americano cede lugar a posturas críticas. A ingenuidade da boa índole tende a desaparecer e começam a despontar atitudes de impaciência, com picos de hostilidade. É uma grande febre de crescimento, que não se sabe onde vai parar. Mas é uma necessidade histórica, é a evolução natural das coisas. E o Brasil quer fazer isso por si mesmo. E o mundo ao seu redor, com seus blocos de potências e suas guerras quentes e frias, é pouco adequado para reconhecer pacificamente essa exigência. Daí as contradições, as hesitações e as fúrias. Mas, como dizia santo Agostinho, "não pode ser mal compreendido o filho de tantas lágrimas". Deve-se olhar para o Brasil com amor e confiança. A tais sentimentos, conforta o estudo de seu teatro; que é precisamente a história de uma gestação lenta, seguida de repente por uma explosão prodigiosa.

II. DO RITO AO TEATRO

Assim principia Joracy Camargo sua breve e inteligente jornada pela história do teatro brasileiro, para o uso de leitores estrangeiros:

> O Brasil, descoberto por heroicos navegadores portugueses, no início do século XVI, era então um vasto território de 8 milhões de quilômetros quadrados, encoberto por florestas virgens e habitado por diferentes nações indígenas, muito distantes umas das outras, que viviam na mais absoluta ignorância de outras formas de civilização. Todavia, praticavam aquelas danças mágicas e rituais que constituem a hipotética origem do teatro. A descoberta se deu em 22 de abril de 1500. Naquela altura, enquanto o velho mundo já dispunha de um imenso patrimônio de cultura e de tradição na arte dramática, o qual descendia dos tempos da Grécia antiga, o Brasil virgem, totalmente virgem, recebeu sua primeira semente de teatro. Mas também é verdade que naquela época a civilização ocidental estava a retomar suas atividades teatrais, decaídas ou reprimidas pela propagação do cristianismo e das invasões bárbaras[1].

1. A palestra de Joracy Camargo citada por Jacobbi foi pronunciada em 1960 na sede da Unesco, em Paris, e permanece inédita.

Não poderia começar melhor. Apresso-me a acrescentar que a colonização em si teve início em 1530, sob o governo de Martim Afonso; e que os elementos da cultura – entre eles o teatro, que assume um papel importantíssimo – serão introduzidos pela catequese jesuítica, iniciada em 1549.

Os Jesuítas

Os primeiros colonos da nova terra eram, em grande parte, grupos de degredados, muitos por delitos gravíssimos, ou eram "cristãos novos", isto é, semitas recém-convertidos. A componente hebraica no conjunto racial da primeira colônia portuguesa é frequentemente salientada por sociólogos, como Gilberto Freyre. Ainda há pouco um poeta brasileiro, José Paulo Moreira da Fonseca, para sintetizar as bases metafísicas da mentalidade brasileira, falava de um "sentimento ibero-semita do tempo". Se acrescentarmos que em cada grupo ibérico já havia, naquela época, traços de um comércio com árabes e muçulmanos em geral, pode-se dizer que o destino da mistura foi desenhado desde o início: os índios e, mais tarde, os africanos (aqui deportados como escravos) foram se juntando e se agregando em um organismo já misto. Mas evidentemente não se pode afirmar que criminosos comuns tivessem interesse pela cultura nem que intentassem fundar uma civilização nova, onde pudessem se estabelecer e perpetuar-se. Ao contrário, o seu estado de espírito era de todo marcado pelo signo do provisório: fazer fortuna, passar a limpo seu passado, reabilitar-se, vingar-se, mas sempre tendo em vista o inevitável regresso à pátria. Por outro lado, o índio era pouco apto ao trabalho, insubmisso à disciplina e, em muitos casos, nômade, sem disposição para se fixar em lugares, em cultivos, em ofícios. No século XVI, o Brasil tinha cerca de 57.000 habitantes. Os colonizadores trabalhavam principalmente na produção de açúcar; e logo atingiram um nível de delirante e desenfreada riqueza: as crônicas relatam que em Pernambuco o viajante português se deparava, atônito, com mais fastos do que em Lisboa. O rei João III percebeu não poder contar apenas com a autoridade dos chefes das Capitanias Hereditárias, com a repressão dos índios, com a tenacidade cega e egoísta dos colonos. Não bastava governar os portugueses; deveria se fazer com que os índios se integrassem à civilização europeia. Para este fim, o Rei Piedoso contou com a ajuda da Companhia de Jesus; a primeira missão aporta exatamente em 1549, sob a guia de Manuel de Nóbrega, que tornou-se desde então o cérebro e o pulso político no comando da catequese; enquanto aquele que será o poeta e apóstolo moral, José de Anchieta, chegará na terra de Vera Cruz em 1553.

Os jesuítas lutaram do primeiro ao último dia contra a oposição dos governantes, dos colonos, e mesmo contra os prelados, em primeiro o bispo Sardinha, ao qual não agradava que os índios fossem considerados seres humanos. Assim mesmo, o trabalho dos jesuítas foi eficaz e deixou marcas profundas. Empenharam-se no *aldeamento*, ou seja, na constituição de aldeias para enraizar os indígenas nômades; e na aldeia organizaram a vida coletiva nas formas sociais de trabalho, reza e lazer. Notaram a inclinação instintiva dos índios para a música e a dança; sua paixão pela oratória; as canções das mulheres, sob a forma de desafio, torneio, recontando as empreitadas dos grandes heróis mortos. Souberam tirar proveito destas tendências através daquela que foi sua primeira e mais correta determinação: aprender a língua local e adotá-la, ainda antes de ensinar o português. De resto, o teatro era um exercício comum nos colégios e nas comunidades jesuítas; no Brasil, Nóbrega virou ator, senão ator-bailarino: dizia-se que ele realizava até mesmo as danças pagãs dos nativos. Chegou-se mais devagar ao português e ao latim, ao som do órgão e ao canto dos hinos litúrgicos, ao passo que os nativos iam estudar nos colégios loyolistas ou até mesmo abraçavam a carreira eclesiástica. A vida do povo se regia mais pelo ritmo local e tradicional que pelo europeu. Esta política não agradou ao bispo Sardinha que, em um enérgico protesto dirigido à metrópole, contra Nóbrega, fala desdenhosamente de "danças e costumes gentios". De um verdadeiro teatro dos índios, antes da descoberta, não há qualquer vestígio; e pouco se sabe das raras manifestações cênicas anteriores à chegada de Nóbrega. Talvez um mencionado "auto dos loucos" coincida com aquelas "pantomimas e danças lascivas" contra as quais, polemizando, Anchieta escreveu seu *Auto de Pregação Universal*. É certo que os primeiros trabalhos dramáticos escritos são obra de jesuítas, especialmente de Anchieta. Alguns destes textos foram conservados, a maior parte em estado fragmentário.

A preocupação da catequese superava, evidentemente, todos os cuidados estéticos, caso houvessem; entretanto, o que parece frio e quase incompreensível à leitura devia assumir um toque singular no espetáculo, com as penas e as maquiagens fantásticas dos índios, a dança das crianças, as tiradas bilíngues e trilíngues dos catequizadores. Com o tempo, formaram-se grupos de especialistas: atores, especialmente jovens (crianças escolarizadas de raça branca; mamelucos, filhos bastardos das duas raças; ou índios alfabetizados) e, naturalmente, dançarinos e coreógrafos. Os espetáculos ocorriam em ocasião da chegada de representantes oficiais do governo, de viajantes ilustres, ou da fundação de novas missões jesuíticas; ou especialmente para as festas dos santos padroeiros; ou ainda para festejar o desembarque de ícones e relíquias. Afirma-se que o primeiro espetáculo foi o citado *Auto da Pregação Universal*, comissionado por Nóbrega ao padre Anchieta, entre 1565 e 1570, encenado ao ar livre em Piratininga (atual São Paulo); porém, recentemente descobriu-se que em 1564, precisamente no dia 25 de julho, já havia sido realizada na Bahia uma récita de um *Auto de Santiago*. Historiadores das missões e da Companhia de Jesus relatam episódios que ocorreram durante os espetáculos: o pranto e a comoção da população diante da cena do martírio de São Sebastião, representada com sangrento realismo; os *autos* confessionais, verdadeiras sessões de tribunal na praça onde os colonos vinham confessar os seus pecados e declarar publicamente o seu arrependimento; o grande efeito provocado pela tragédia *O Rico e Lázaro*, que levou os espectadores mais avarentos a pagar no mesmo instante magníficas esmolas; a festa das "onze mil virgens", difundida em todo o território, que dava lugar a manifestações devassas e foi por isso duramente censurada pela cúria pontifícia. Na estrutura literária dos *autos* se repetia, com toda evidência, a forma sacramental, muito livre enquanto ainda medievalizada, encontrada também na dramaturgia portuguesa contemporânea e em Gil Vicente; mas algumas distinções podem ser feitas entre os espetáculos realizados no interior dos colégios (alguns, famosos, em Olinda) para um público predominantemente branco, e as peças autenticamente catequéticas, na praça, com uso da língua tupi-guarani e com todas as regras poéticas e cênicas distorcidas pela necessidade de realizar ao mesmo tempo uma representação divertida, um sermão religioso, uma aula de língua e de higiene e um jornal mural da comunidade. Nos primeiros – repara-se pelos títulos e pelas escassas notícias – vigoravam ainda as formas clássicas da tragédia, da comédia, da écloga pastoral ou marítima. Inútil seria enumerar títulos e textos; não se trata de uma literatura, mas de roteiros, da matéria em si, de uma singular atividade didática através da qual o espírito coletivo de expressão dramática buscava um raio de alívio, o remoto princípio das sínteses por vir.

O Século XVII

Pouco se sabe (e talvez pouca coisa aconteceu) em matéria de teatro seiscentista. Os historiadores observam que, no século XVII, o teatro de catequese declina, mas ainda não nasce a cena profana. De resto, é um século de lutas, de sangue, de migrações: os franceses ocupam o Maranhão; os holandeses, a Bahia e o Pernambuco; colônias e governantes dividem-se em facções e exércitos; a população de São Paulo entra em conflito com os jesuítas, e seus membros mais aventurosos e corajosos (os Bandeirantes) iniciam uma marcha para o Oeste, caçando as riquezas do território ainda inexplorado; sem contar com a revolta de Manuel Beckman; as lutas do quilombo de Palmares, e assim por diante.

A censura de Roma era muito severa quanto à atividade teatral dos jesuítas; é bem provável que muitas notícias não tenham chegado até nós, porque, de propósito, não foram escritas. Em compensação o Brasil fez seu ingresso, como pano de fundo e tema, na dramaturgia mundial: Lope de Vega se inspira nas lutas da época para escrever *El Brasil Restituido*. Sabe-se de muitas festas profanas, mas apenas em uma com certeza se realizou uma récita cômica ("com máscaras", diz o cronista): em 1641, para festejar a aclamação do rei João IV. Um novo tipo de missão começa a desembarcar no Brasil: os franciscanos que, em seus conventos no Rio de Janeiro (Imaculada Conceição, Santo Antônio), realizaram récitas para reduzida plateia. O grande poeta Gregório de Mattos, expoente da cultura barroca brasileira, apresenta várias referências a representações teatrais. Os nomes dos principais autores aparecem espalhados nas páginas da História: o baiano Gonçalo Ravasco Cavalcanti de Albuquerque estreou com três *autos* sacramentais; o seu compatriota Borges de Barros assinou *A Constança e o Triunfo*; a um carioca que morava no Norte, Tomás do Couto, atribuem-se atividades de direção no teatro jesuítico; um frade baiano, Francisco Xavier de Santa Teresa, escreveu uma tragédia, *Santa Felicidade e Seus Filhos*; em Roma foi editada uma obra dramática em latim de Salvador de Mesquita, do Rio de Janeiro, que inclui um *Sacrificium Jefte Sacrum* e tragédias de Sêneca em versos iâmbicos. O primeiro autor brasileiro que teve suas obras impressas na própria pátria foi Manuel Botelho de Oliveira (Bahia, 1636-1711), só que em língua espanhola: *Hay Amigo para Amigo* e *Engaños y Celos*, imitações, respectivamente, de Zorrilla e de Montalván. Nada disso prova a existência ou mesmo o surgimento de um teatro nacional.

O Século XVIII

O século XVIII marca o início de uma existência mais regular das artes cênicas, mas somente na segunda metade do século em edifícios adequados e com companhias estáveis. Nas primeiras décadas, os espetáculos ocorrem ainda somente em ocasiões excepcionais e em lugares públicos já conhecidos (praça, palácio, colégio e igreja, mesmo que em 1726 o bispo Fialho o vetou em uma pastoral). Para perceber o salto que se deu neste século, em termos de consciência e liberdade teatral, basta comparar a pastoral de 1734 do mesmo bispo Fialho, proibindo qualquer espetáculo público, sagrado ou profano, em qualquer lugar, com o decreto governativo de 17 de julho de 1771 que apoia "o estabelecimento dos teatros públicos bem regulados, pois deles resultam a todas as nações grande esplendor e utilidade, visto serem a escola onde os povos aprendem as máximas da boa política, da moral, do amor à pátria, do valor, do zelo e da fidelidade com que devem servir aos soberanos, e por isso não só são permitidos, mas necessários"[2]. Na região das minas, Diamantina e Ouro Preto (então Vila Rica), surgem os primeiros teatros, assim como na Bahia, Porto Alegre e muitas outras cidades. Entretanto, o acontecimento fundamental se dá no Rio de Janeiro, primeiro sinal do monopólio ou ditadura na vida cênica nacional que a cidade deverá exercer até meados do nosso século.

Trata-se da criação da Casa da Ópera, dirigida pelo padre Luiz Ventura, um tipo singular: ator e músico, diretor e regente, cantor e bailarino, corcunda e mestiço. Valendo-se da proteção do Marquês do Lavradio, que foi

2. Citação retirada (como a maior parte das informações deste capítulo) da obra de J. Galante de Souza, *O Teatro no Brasil*, Rio de Janeiro: MEC-Instituto Nacional do Livro, 1960, v. 1, p. 109.

o primeiro e o mais sincero amante das artes cênicas entre todos os governantes da cidade de São Sebastião do Rio de Janeiro, o padre Ventura montou uma companhia estável com membros negros e – bem informado do repertório mais na moda do momento – começou a importar Metastasio e Voltaire, Crébillon e Goldoni. Alternando prosa e música, com seus atores e cantores instruídos na arte do repeteco, porque eram quase todos analfabetos. Bougainville visitou a Casa da Ópera em 1767 e, em seu diário *Voyage autour du monde par la frégate du Roi La Boudeuse et la Flûte L'Etoile* (Viagem ao Redor do Mundo pela Fragata Real La Boudeuse e pelo navio L'Etoile) anotou: "Em uma sala muito bem decorada, pudemos ver as obras primas de Metastasio representadas por uma companhia de negros e ouvir as mais divinas composições dos mestres italianos executadas por uma péssima orquestra, regida por um padre corcunda em vestes sacerdotais". Quanto à decoração e arquitetura dos primeiros teatros do século XVII, temos o testemunho de historiadores e viajantes; mas não temos, infelizmente, os edifícios, pois a história do teatro brasileiro é toda, até o nosso século, uma história de incêndios e demolições; assim foi, também, para a Casa do Padre Ventura, destruída pelo fogo. Quanto ao costume de deixar o ofício de ator aos membros das classes "inferiores", também sabemos que era hábito comum, já que os portugueses desprezavam quem se dedicasse à arte. Sabemos o elenco completo de algumas companhias, com nome e sobrenome de todos os integrantes: por exemplo, da companhia semioficial que se formou no Rio por volta de 1779, sob a direção do tenente-coronel Antônio Nascentes Pinto e sob a proteção do vice-rei Luiz de Vasconcelos; ou da Casa da Ópera de Porto Alegre, com sua "representante cômica" Maria Benedita de Queirós Montenegro; ou ainda, da homônima Casa de São Paulo, também essa sob o comando de um militar, Antônio Joaquim de Oliveira. Grande curiosidade, rebuliço e maravilha despertou a chegada da primeira companhia portuguesa, em 1794, no Rio de Janeiro; se o interesse se justificava pela novidade, e o rebuliço pela melhor qualidade dos espetáculos, a maravilha surgia do fato de que naquela trupe, cujo diretor era Antônio José de Paula, não havia mulheres e os papéis femininos eram interpretados por robustos rapazes, devido a uma proibição baixada pela Rainha Maria I.

A cenografia recebeu vivo estímulo pela visita dos portugueses, assim como o luxo dos figurinos que cresceu em desmesura, com predileção por ornamentos vistosos e cores sempre berrantes, naturalmente à moda setecentista, sem nenhum respeito pela verdade histórica, mesmo quando se representasse a história de Tamerlano, rei da Pérsia. Mesmo assim, no que diz respeito ao repertório, o teatro do século XVIII foi animado, ousado e cosmopolita. Além dos nomes já citados, temos que lembrar pelo menos os de Molière e Scipione Maffei. Começam a aparecer também alguns autores nacionais. Talvez a primeira comédia brasileira encenada foi *Amor Mal Correspondido*, comédia fantástica e cavalheiresca de Luiz Alves Pinto, que estreou no Recife em 1780. Alexandre de Gusmão (1659-1753) traduziu e adaptou o *Georges Dandin* de Molière, com o título *O Marido Confundido*, só que a apresentação se deu em Lisboa. Cláudio Manuel da Costa escreveu poemas dramáticos de inspiração arcádica, cujo texto não chegou até nós. Outro poeta importante da Arcádia brasileira, Alvarenga Peixoto (1744-1793) escreveu a tragédia *Ênea no Lácio* e traduziu a *Merope* do nosso Maffei. Toda esta produção cheira a Europa, a dependência literária, a teatro de Corte. Quando enfim se chega a um grande comediógrafo como Antônio José da Silva, o Judeu (1706-1739) cujo sucesso foi amplo e popular e cujas obras são clássicos da língua, temos que reconhecer com toda honestidade que o único laço entre ele e o Brasil foi seu lugar de nascimento, o Rio de Janeiro. Toda sua vida, carreira e trágica morte ocorreram em Portugal: à literatura lusitana pertencem suas obras, *pastiches* às vezes geniais de Aristófanes e de Molière, de Gil Vicente e da *Commedia dell'Arte*.

Consumida pelas chamas a Casa da Ópera do Padre Ventura, o Marquês do Lavradio patrocinou a construção de um outro teatro, anexo ao palácio vice-real, e o confiou aos cuidados de um protegido português, Manuel Luiz Ferreira, barbeiro e bailarino. Entre altos e baixos, o teatro de Manuel Luiz perdurou até 1813, tornando-se a ponte entre o espetáculo do Brasil colônia e do Brasil do Primeiro Reinado, isto é, entre os séculos XVIII e XIX, que será também para o teatro o século da emancipação nacional.

III. A AVENTURA DO ESPETÁCULO

Em 1759, os jesuítas haviam sido expulsos do Brasil. Em 1763, o país, até então colônia de Portugal, subia ao grau de vice-reinado, tendo sua capital transferida de Salvador (Bahia) para o Sul, no Rio de Janeiro. Em 1808, ocorre um evento fundamental: os reis de Portugal, fugindo da invasão napoleônica na Península Ibérica, aportam no Brasil com toda a corte. Reina, de fato, o príncipe regente e herdeiro da coroa, futuro rei João VI. Finda-se a época colonial. Em 1815, o Brasil é elevado a Reino, unido sob a mesma coroa ao reino de Portugal e Algarve. Em 1818, é coroado João VI que, em 1821, deixa o Brasil, onde permanece o filho, Dom Pedro. Em 1822, no dia 7 de setembro, este proclama a Independência e assume a coroa imperial do Brasil com o nome de Pedro I. Seu pai continua reinando em Portugal até a morte, em 1826, quando então o imperador do Brasil, para não deixar o país, renuncia à coroa portuguesa em favor da filha, dona Maria da Glória. Logo o irmão de Pedro I,

Dom Miguel, usurpa-lhe a coroa, o que força o imperador a regressar a Portugal abdicando à coroa brasileira (1831) em favor do filho, Dom Pedro de Alcântara, com cinco anos de idade. Segue-se um período de regência, estendendo-se até 1840, quando o herdeiro é declarado maior de idade e, aos quatorze anos, é coroado imperador, com nome de Pedro II.

Esses eventos deixam marcas fundamentais na história da cultura brasileira e especialmente do teatro, que justo nestes quarenta anos alcança seu primeiro esplendor. Durante o reinado de João VI, foram fundados no Rio de Janeiro a Imprensa Real, a Academia Náutica, a Escola de Medicina, o Jardim Botânico, a Escola de Ciências, Artes e Ofícios e, mais tarde, a Academia de Belas Artes, o Banco do Brasil, para emissão de moeda, e o Teatro São João.

Em 1816, o rei convoca ao Rio a Missão Artística Francesa, composta por pintores, arquitetos, escultores, desenhistas e cenógrafos. Entre eles, havia o célebre Debret (ao qual se deve o melhor documentário da vida brasileira da época em uma série de magníficas gravuras); mas é jus lembrar o nome de José Leandro, um artista local, que já havia se destacado na cenografia. O teatro do Manuel Luis era pequeno e inapropriado para as necessidades de uma corte e de uma cidade que se preparava para ser cosmopolita em virtude da abertura de seu porto ao comércio internacional. Em 28 de maio de 1810, João VI assinou um decreto no qual encarregava o chefe da polícia, Fernandes Viana, das providências para a construção de um novo teatro. Foi o Teatro São João, inaugurado em 1815, obtendo o empresário Fernando José de Almeida a primeira concessão de uso. Em 1823, inaugurou-se o Teatro Plácido e, desde então, perde-se a conta de teatros abertos e fechados, erguidos e demolidos, reinaugurados e destruídos por incêndios, adequados a outro uso ou substituídos por novos edifícios, durante todo o século XIX, no Rio como em outras cidades importantes, entre as quais, de início, Salvador, Porto Alegre, Niterói e São Luís do Maranhão. As primeiras companhias estrangeiras que se exibiram no Rio foram uma francesa de balé (Lacombe), uma lírica italiana (Ruscoli) e uma portuguesa de teatro dramático (Mariana Torres). Teve importante desenvolvimento o movimento dos amadores, cuja função será fundamental em nosso século XX. Em 1824, o Teatro São João foi devastado por um incêndio, sendo substituído em 1826 pelo Teatro São Pedro que, porém, de 1829 até 1831, ou seja, até a abdicação de Pedro I, assumiu o nome político de Constitucional Fluminense. O repertório reflete as esperanças e os ideais da Independência: o teatro torna-se palanque e campo de batalha. Nessa ardente atmosfera política, surge a figura de João Caetano.

Após ter abandonado a carreira militar, João Caetano dos Santos (1808-1863) dedicou-se ao teatro, primeiro como amador, até estrear como jovem ator (em 1827 ou 1831, os biógrafos são incertos) no Teatro Constitucional Fluminense. Ali conheceu e casou-se com a atriz Estêla Sezefredo, logo sendo o mais temido e perseguido concorrente da companhia de atores portugueses capitaneada por Ludovina Soares da Costa. Formou então o primeiro grupo de atores brasileiros, estreando solenemente em 2 de dezembro de 1833 em Niterói com *O Príncipe Amante da Liberdade ou A Independência da Escócia*. Foi o ato de nascimento do teatro nacional. O título declarava suas alusões à atualidade política. De resto, neste período, proliferam títulos do gênero: baste citar *O Dia de Júbilo para os Amantes da Liberdade ou A Queda do Tirano*, drama representado em 1831 pela ocasião da abertura da Câmara Legislativa, e *O Ministro Constitucional*, encenado no mesmo ano como comentário à abdicação de Pedro I. João Caetano era um ator romântico vigoroso e foi, ao que parece, um bom "ensaiador", isto é, mais que encenador, um diretor de atores: atribuem-lhe a substituição da declamação tradicional por uma linguagem mais articulada, no sentido lógico e psicológico. Em 13 de março de 1838, ele tomou posse do palco daquele mesmo Teatro São Pedro do qual havia se afastado por consequência das intrigas dos portugueses, agora com uma companhia totalmente brasileira e com uma peça assinada pelo mais celebrado poeta do momento: Gonçalves de Magalhães. O ano de 1838 tinha de ser, também por outra razão, o da afirmação de uma nova dramaturgia: em 4 de outubro, estreou a primeira comédia de Martins Pena. O repertório de João Caetano era dramático e, às vezes, trágico: *Otelo e Hamlet* (de Ducis), Kotzebue, talvez Alfieri[1], muitos autores franceses e outros nacionais. Após ter dirigido alguns teatros no Rio, apresentou-se com sua companhia pelo Brasil e, em 1860, em Portugal. Seguiu para a França, onde estudou o método do Conservatório, donde regressa com os princípios do curso de Arte Dramática que ministra oficialmente no Rio, mesmo que com poucos alunos, pois o preconceito social contra o ofício de ator, de origem portuguesa, ainda perdurava. Morreu dois anos mais tarde. Suas aulas se encontram recolhidas no volume *Lições Dramáticas*, precioso documento sobre o gosto cênico da época. Nos últimos anos, João Caetano percebeu que este gosto ia mudando, como registrou em *Lições*: influenciado por sua viagem e pela concorrência, no Rio, do ator Furtado Coelho, dirigido pelo francês Emile Doux em um repertório todo novo (Dumas Filho, Augier, Sardou).

A ação do governo imperial em favor do teatro manifesta-se de várias formas, entre as quais uma ação singular, ou seja, a concessão aos empresários dramáticos do lucro das loterias populares. Sem falar da construção de teatros às custas do governo, em seguida cedidos para gestão ou arrendados a empresários particulares. O governo instituiu o primeiro Conservatório Dramático Brasileiro, que não era, como poder-se-ia supor, uma escola, mas sim um órgão de "conservação", seja da pureza da língua, seja da moralidade

1. Na verdade, Alfieri não consta do repertório de João Caetano, podendo apenas ser lembrado por sua proximidade a outro autor neoclássico, este sim apresentado por João Caetano: Vincenzo Monti, com *Aristodemo* (1839). Ver Décio de Almeida Prado, *João Caetano*, São Paulo: Perspectiva, 1972.

dos costumes. A instituição, ativa de 1843 a 1864, com sua dupla atividade de censura, revelou-se mais frequentemente perniciosa do que útil ao desenvolvimento da literatura dramática, mesmo com a colaboração de alguns dos melhores escritores da época, como Joaquim Manuel de Macedo e Machado de Assis.

Ao longo da primeira metade do século XIX, apesar do extraordinário avanço do novo teatro nacional no campo dramático e, principalmente, cômico, o tipo de espetáculo mais popular era a ópera lírica: cantores, regentes e empresários italianos arrecadaram, no Brasil, rios de dinheiro. Os nomes de Bellini, Rossini, Donizetti estavam na boca do povo.

O Segundo Século XIX

Talvez se possa apontar a data da estreia de *A Dama das Camélias*, sob direção de Émile Doux, como o início de uma nova fase na história do espetáculo. Foi apresentado no Ginásio Dramático, antigo Teatro São Francisco de Paula, que em 1832 acolhera a primeira companhia dramática francesa a desembarcar no Brasil, a de Chabry. Os escritores, veremos, abandonam o verso pela prosa e o romantismo pelo realismo, o figurino histórico pelo figurino moderno. Aqui também as datas decisivas são ditadas pela história política.

Em 1865, o país promulga sua primeira lei contra a escravidão, alforriando todos os indivíduos com mais de sessenta anos. A guerra contra o Paraguai dura de 1865 até 1870. De 1881, é a segunda lei contra escravidão: a Lei do Ventre Livre, a partir da qual todos os nascidos de mães escravas são cidadãos livres. Em 1888, enfim, a campanha abolicionista alcança a Lei Áurea, que acaba definitivamente com a escravidão. Resulta disso uma forte crise econômica, com consequências políticas: a aristocracia agrária desampara a monarquia, que não a compensou com indenizações pela perda dos escravos. Em 1889, é proclamada a República: Pedro II, homem ajuizado, com vivos interesses no âmbito literário e científico, aceita o exílio com resignação e morre, poucos anos mais tarde, em Paris.

Se o teatro do último império mantém o ritmo da fase anterior, o da Primeira República se apresenta como uma verdadeira indústria do espetáculo, caçando as graças do grande público por todos os meios, lícitos e ilícitos. Mesmo sendo muitas as companhias dramáticas (entre os atores citaremos ainda Eugênia Câmara, que foi musa inspiradora do poeta Castro Alves; o ator cômico Correia Vasquez; o já citado Furtado Coelho; e Ismênia dos Santos) e apesar da ópera ainda capitalizar todo o favor do público, os gêneros que predominam são da ordem da sátira e da comédia musical: da *zarzuela* à moda espanhola, da *burleta* à moda portuguesa e da *opereta* à moda revisteira. Aos cidadãos cultos que apreciam as apresentações cada vez mais raras da arte dramática, só resta frequentar as temporadas oficiais das companhias estrangeiras: Adelaide Ristori (1869, 1974), Giovanni Emanuel (1871, 1887, 1899), Ernesto Rossi (1971, 1974), Eleonora Duse (1885, 1907), Sarah Bernhardt (1886, 1905), Jean-Baptiste Coquelin (1888), Ermete Novelli (1890), até que Antoine e Zacconi tragam os ecos de uma renovação. Outra tábua de salvação é a atividade dos amadores, bastante intensa, principalmente em São Paulo: surpreendente o número de sociedades *filodrammatiche* ativas no século XIX na cidade, cada qual com seu jornal e teatro. Muitos cenógrafos italianos aportam no Brasil a trabalho, no campo da ópera e da revista, influenciando o gosto e os hábitos dos espetáculos. Intelectuais e homens políticos fazem diversas tentativas para convencer o governo a intervir diretamente no setor do espetáculo, mas um liberalismo equivocado e a indiferença da maioria deixam as coisas no ponto que estavam.

Qual fosse esse "ponto", fica claro pelo sucesso – um verdadeiro frenesi erótico – das operetas francesas do Teatro Alcazar. O estrelismo de cantores e bailarinas, os delírios de seus apreciadores, poderiam ser pano de fundo de uma vertiginosa peça de Feydeau. Mais ainda, é esclarecedora do verdadeiro estado de espírito dos melhores intelectos do teatro da época, uma autodefesa do primeiro entre os comediógrafos, Arthur Azevedo. Havia sido acusado de trocar a causa da arte pelo lucro fácil da revista; e, pior, de ter iniciado tal moda. Responde o escritor:

Não é a mim que se deve o que o sr. Cardoso da Motta [ator carioca (1858–1909) que o atacara] chama o princípio da *débâcle* teatral; não foi minha (nem do meu irmão, nem de *quelqu'un de miens,* como diria o lobo da fábula) a primeira paródia que se exibiu com extraordinário sucesso no Rio de Janeiro. [Aqui Azevedo cita todo os exemplos anteriores a 1873, ano de sua chegada à Capital: em um deles, uma paródia da *Traviata*[2], envolve-se, mesmo que anônimo, até mesmo o ilustre Machado de Assis] [...] Escrevi *A Filha da Madame Angu* por desfastio, sem intenção de exibi-la em nenhum teatro. Depois de pronta mostrei-a a Visconti Coaracy, e este pediu-me que a confiasse e por sua alta recreação leu-a a dois empresários, que disputaram ambos o manuscrito. Venceu Jacintho Heller, que a pôs em cena.

O público não foi da opinião do sr. Cardoso da Motta, isto é: não a achou desgraciosa: aplaudi-a cem vezes seguidas e eu, que não tinha nenhuma veleidade de autor dramático, embolsei alguns contos de réis que nenhum mal fizeram nem a mim nem à Arte.

Pobre, paupérrimo, e sem encargos de família, tinha o meu destino naturalmente traçado pelo êxito da peça; entretanto, procurei fugir-lhe. Escrevi uma comédia literária, *A Almanjarra*, em que não havia monólogos nem apartes, e essa comédia esperou quatorze anos para ser representada; escrevi uma comédia em três atos, em verso, *A Joia*, e para que tivesse as honras da representação fui coagido a desistir dos meus direitos de autor; mais tarde escrevi um drama com Urbano Duarte, e esse drama foi proibido pelo Conservatório; tentei introduzir Molière no nosso teatro, trasladei *A Escola de Maridos* em redondilha portuguesa, e a peça foi representada apenas onze vezes. Ultimamente a empresa do Recreio quando, obedecendo ao singular capricho, desejava ver o teatro

2. Para sermos precisos, Arthur Azevedo afirma tratar-se de uma paródia de *A Dama das Camélias* e não da *Traviata*; considere-se que Giuseppe Verdi tirou seu entrecho do romance de Alexandre Dumas.

vazio, anunciava a representação da minha comédia em verso *O Badejo*. O meu último trabalho, *O Retrato a Óleo*, foi representado meia dúzia de vezes. Alguns críticos trataram-me como se houvesse cometido um crime: um deles afirmou que eu insultara a família brasileira!

Em resumo: todas as vezes que tentei fazer teatro sério, em paga só recebi censuras, apodos, injustiças, e tudo isto a seco; ao passo que, enveredado pela bambochata, não me faltaram nunca elogios, festas, aplausos e proventos. Relevem-me citar esta última fórmula da glória, mas – que diabo! – ela é essencial para um pai de família que vive da sua pena.

Não, meu caro sr. Cardoso da Motta: não fui eu o causador da *débâcle*: não fiz mais do que plantar e colher os únicos frutos de que era suscetível o terreno que encontrei preparado[3].

Esta página é um retrato preciso da situação amarga dos teatrólogos depois da Proclamação da República, até quase a Segunda Guerra Mundial. Foi, como veremos, um tempo de prosperidade, mas também uma "baixa temporada" para o teatro, destinado a chegar entre os últimos na extraordinária evolução dos gêneros literários e das artes em geral. O próprio Arthur Azevedo lutou, na medida de suas forças, contra a comercialização prevalecente; e seus dois projetos, afinal, realizaram-se. Um, durante sua vida, foi a constituição de uma companhia dramática nacional de alta categoria, com repertório escolhido entre os grandes autores do país, de Martins Pena a ele próprio. O outro foi a construção do Teatro Municipal, que abriu as portas no Rio de Janeiro em 1909, quando Arthur já falecera. Mas a companhia, após trabalhar em um oportuno teatrinho no recinto da Exposição Universal, em 1908, dissolveu-se; e o palco do Municipal ficou reservado, justamente por causa da elevação artística que se propunha a conservar, principalmente à exibição das companhias estrangeiras, dramáticas, de ópera e de balé. (Inaugurou-o Réjane; em 1913, pisou nele Zacconi).

3. Texto, atualizado ortograficamente, transcrito de Múcio da Paixão, *O Teatro no Brasil*, Rio de Janeiro: Moderna, 1936, p. 534-535.

O ano de 1908 é um ano simbólico. A companhia da Exposição apresenta Martins Pena, França Júnior, Macedo, Machado de Assis, Alencar, Arthur, Coelho Neto, quase um resumo da história da comédia brasileira do século XIX; pouco depois morre Arthur Azevedo e com ele também muitas expectativas; entretanto, o evento mais peculiar, que reflete a realidade do momento, é a diabólica invenção empresarial do "teatro por sessões". Ele foi adotado pela primeira vez exatamente em 1908, pela companhia teatral de Cinira Polônio.

O que é o "teatro por sessões"? Eu mesmo já o conheci, como espectador e como diretor de companhia, quando em 1948 o grande ator Procópio Ferreira quis fazer uma tentativa de renovação, estrelando *Esses Fantasmas,* de Eduardo [de Filippo] e outro texto de um autor novo (*Lady Godiva,* de Guilherme Figueiredo). Pouco depois, Procópio voltou aos velhos hábitos e ao seu antigo repertório; o teatro moderno era cansativo demais para ele. Mas eu tive, graças a Procópio, a oportunidade de conhecer por dentro o funcionamento de uma das últimas companhias tradicionais. Além de tudo que se pode imaginar (ensaios insuficientes, tiranias por parte do líder da companhia, ausência total do hábito de decorar textos, reciclagem do arsenal de cenários e de figurinos, papéis inalteráveis) e que, com a ajuda da inteligência e da autoridade de Procópio, foi fácil para eu superar, o que havia era uma instituição econômica intocável na qual repousava todo um sistema de equilíbrio entre despesas e lucros, tanto por parte do proprietário do teatro quanto pela companhia. As comédias eram recitadas duas vezes a cada noite: às 20h00 e às 22h00; o que levava a cortes no texto e à redução dos intervalos ao mínimo; entre a primeira e a segunda apresentação não havia nenhuma pausa, os atores tinham tempo apenas de mudar de figurino e ficar novamente prontos para o primeiro ato, pois enquanto o público da primeira sessão saía por uma porta, os da segunda já invadiam a plateia. Os intérpretes recitavam seis atos em quatro horas, com o olho atento ao horário do último trem ou ônibus de espectadores. Na quinta-feira, no sábado e no domingo, eram três os espetáculos, porque havia também as matinês, geralmente das quatro às seis horas da tarde. Este regime, indício de uma indubitável (e feroz) organização industrial que contava com a presença de um verdadeiro mercado do espetáculo, manteve-se intacto nas velhas companhias até há pouco tempo e marcou um momento histórico em que o teatro podia mesmo fazer frente à concorrência do cinema, pelo reconhecimento de seu público, adotando o princípio do ingresso continuado (no tempo de Cinira Polônio as sessões noturnas eram três!).

Este teatro comercial ferrenho (cujas consequências, no âmbito do repertório, explicaremos no próximo capítulo) também experimentou raras e tímidas manifestações de novidades cênicas e de um melhor gosto literário, especialmente depois de 1920, quando – escreve Décio de Almeida Prado – "o sentimento nativista e as dificuldades de transporte, criadas pela Grande Guerra, propiciam a formação de companhias nacionais, libertas finalmente da tutela portuguesa"[4]. Na verdade, apesar de João Caetano e da sucessiva presença de um número sempre maior de profissionais de teatro nascidos no Brasil, a influência portuguesa continuava a se manter fortíssima no teatro, seja através da ação de empresários e ensaiadores, seja no que diz respeito ao repertório, seja ainda através da língua e da pronúncia, ridiculamente distante da fala local. Apolônia Pinto, Leopoldo Fróis e especialmente Procópio Ferreira, artistas brasileiros, pegaram com firmeza na mão do público e o acompanharam em suas preferências muitas vezes ordinárias, mas também em seu espírito vivamente nacional. A companhia de Abigail Maia, dirigida por dois autores brasileiros (Oduvaldo Vianna e Viriato Correia) e um empresário italiano (Nico-

4. A Evolução da Literatura Dramática, Afrânio Coutinho (org.), *A Literatura no Brasil*, v. 2, Rio de Janeiro: Sul Americana, 1968-1971, 6 v., p. 26.

lino Viggiani), introduziu o cenário construído no lugar do pano de fundo pintado e resgatou um repertório oriundo da "comédia de costumes" do século XIX, a qual era a única tradição local até aquele momento. O exemplo dramático e trágico de João Caetano parecia ser referência para o autor--empresário-diretor Gomes Cardim e para a temperamental atriz Itália Fausta, os quais realizaram, entre outras, uma experiência de espetáculos ao ar livre, o Teatro da Natureza (em 1916), onde as tragédias de Sófocles andavam de mãos dadas com a *Cavalleria rusticana* de Verga. Aproximando-se os anos de 1930, certa inquietude intelectual toma conta dos mais jovens. Temos então diversas tentativas de renovação movidas por profissionais e por amadores: Renato Vianna, autor-ator-diretor mas, sobretudo, incansável professor de arte dramática; o delicado poeta e moralista Álvaro Moreira, que fundou em 1927 o Teatro de Brinquedo, onde foram encenadas, entre outras, *Il piacere dell'onestà* (O Prazer da Honestidade), de Luigi Pirandello, e *Voulez-vous jouer avec moi?* (Uma Mulher e Três Palhaços), de Marcel Achard. Mesmo os novos ídolos do público, que chegaram a competir com Procópio depois da morte de Leopoldo Fróis, como Jaime Costa e Dulcina de Morais, mostraram algum esforço de melhoramento: o primeiro montando *Cosí è (se vi pare)* (Assim É, se lhe Parece), ao qual Pirandello assistiu no Rio; a segunda ao estruturar, com a colaboração da escritora Maria Jacintha, um teatro de arte em que apresentavam-se G. B. Shaw, Oscar Wilde, Cocteau, D'Annunzio e onde, de brilhante comediante, Dulcina se reinventou atriz trágica. Mas com essa empreitada já chegamos aos anos da Segunda Guerra; pouco antes – em 1938 – dois eventos sacudiram a cena brasileira e demonstraram a existência de um enorme interesse pelo teatro por parte da nova geração.

O primeiro evento foi a criação do Teatro do Estudante, por iniciativa de Paschoal Carlos Magno, organizado por amadores e difundido por todo o país. Paschoal, um sujeito dinâmico, animado, pleno de entusiasmo e de idiossincrasias, lançou no Rio um repertório meio shakespeariano e meio grego, mais tarde especializando-se na descoberta de autores nacionais jovens e novíssimos. Ainda existem no Brasil mais de sessenta "teatros de estudantes" espalhados por todo o país, com diferentes programas e tendências, mas unidos em um só esforço, e que comemoram anualmente seu Festival Nacional (no Recife, em 1958, e na cidade de Santos, em 1959: duas manifestações grandiosas).

O segundo evento foi a constituição – pelo trabalho da atriz Luisa Barreto Leite, do crítico e tradutor Brutus Pedreira, do pintor e cenógrafo Santa Rosa – do grupo Os Comediantes, antes amadores, depois profissionais, inicialmente conduzidos pelo diretor Adacto Filho e, a partir de 1943, pelo ator e diretor polonês Ziembinski, que tinha chegado ao Brasil em 1941, destacando-se com uma belíssima encenação de *Pelléas et Mélisande*.

"Estudantes" e "comediantes" contribuíram, sobretudo, para a criação de uma nova e magnífica leva de atores, mas é com Ziembinski que começa a verdadeira revolução do espetáculo.

A Renovação

Durante a Segunda Guerra Mundial, a companhia de Luis Jouvet passou um bom tempo no Brasil, e sua pregação por um teatro de qualidade não se perdeu: uma atriz francesa residente no Rio, Henriette Morineau, colaborou com o mestre Jouvet e no pós-guerra fundou sua própria companhia, dando assim mais um passo no desenvolvimento da cena brasileira. No Recife, em 1941, inaugurou-se o Teatro de Amadores de Pernambuco, gerenciado por Valdemar de Oliveira; no Rio, em 1944, o Teatro Experimental do Negro, companhia de atores de descendência africana, que interpretaram O'Neill e diversos autores nacionais da nova escola. São pedras no edifício da *renovação*.

Basicamente podemos afirmar que o teatro brasileiro do século XX foi um pretexto para a apresentação de atores, isso até os anos de 1940, quando diversos grupos e movimentos procuraram inserir o teatro na vida moderna e na melhor cultura do país. A tentativa de Dulcina e de outros, além do trabalho incansável dos "estudantes" de Paschoal, levantaram tais ideais, que começaram a virar realidade com as realizações de Zbigniew Ziembinski com Os Comediantes, de 1943 a 1947. Naquele tempo, a produção de teatro era ainda um monopólio do Rio de Janeiro; os outros estados e cidades recebiam apenas um reflexo. Os Comediantes agiam no Rio, mas viajaram diversas vezes com seu repertório (O'Neill, Anouilh, Montherlant, Pirandello etc.) para São Paulo e outros lugares. No palco de Os Comediantes militavam atores hoje famosos: Cacilda Becker, Maria Della Costa, Margarida Rey, Graça Melo, Jardel Filho, sem falar do magnífico cenógrafo moderno que foi Tomás Santa Rosa (1909-1956). O grupo revelou um dramaturgo bastante singular, Nelson Rodrigues, cujo primeiro trabalho, *Vestido de Noiva*, foi aclamado como uma revelação.

Com o desmanche de Os Comediantes em 1947, a *renovação* parece sofrer um revés. Naquele mesmo ano, o autor Agostinho Olavo e o crítico Gustavo Dória intentaram no Rio o Teatro de Câmara, com repertório nacional de ambição literária, que teve breve duração. As companhias tradicionais continuavam dominando os espaços. Tudo parecia parado. Quando, de repente, em 1948, o movimento dos "novos" explode com toda sua força.

Iniciou-se com dois antigos "comediantes", Sandro Polônio e Maria Della Costa, fundando sua própria companhia, hoje Teatro Popular de Arte[5], dirigida inicialmente por Ziembinski e depois, naquele mesmo ano, pelo autor deste livro. Ziembinski tinha passado pelo grupo de Morineau, encenando Tennessee Williams e Eurípides. Ainda

5. A companhia, após construir um teatro, transformar seu nome e seu estatuto social para Teatro Maria Della Costa, encerrou suas atividades em 1974. Após essa data, Sandro atuou como produtor, sempre com Maria Della Costa, mas sem dar nome à companhia. O último espetáculo da dupla se deu em 1989, com *Temos de Desfazer a Casa*, de Sebastián Junyent.

em 1948, Paschoal Carlos Magno apresentava com seus estudantes um *Hamlet* dirigido pelo alemão Hoffmann Harnisch, revelando um ator excepcional, Sérgio Cardoso, além de um punhado de novos valiosos elementos. Por outro lado, Alfredo Mesquita e Décio de Almeida Prado, intelectuais de São Paulo apaixonados por teatro, incentivavam o movimento dos amadores: o segundo através de seu trabalho como crítico do maior jornal do país (*O Estado de S.Paulo*) e o primeiro fundando a Escola de Arte Dramática.

Os resultados desses dois fatos novos se tornaram notáveis no ano seguinte. Sérgio Cardoso e eu formamos um grupo com os melhores elementos jovens do Rio, o Teatro dos Doze, estreando com *Arlecchino servitore di due padroni* (Arlequim, Servidor de Dois Amos), de Goldoni. Em São Paulo, o empresário Franco Zampari fundava o Teatro Brasileiro de Comédia (TBC), chamando Adolfo Celi (que se encontrava então na Argentina) para a direção e Aldo Calvo para a cenografia. Ao final de 1949, dissolvido o Teatro dos Doze, Sérgio Cardoso e eu mudamos para São Paulo, ambos contratados pelo TBC. Começava a época da ditadura artística paulista. Todos os nomes do novo teatro, incluindo Ziembinski e Cacilda Becker, convergiram para São Paulo, gravitando em torno do TBC. Um repertório eclético e internacional, cenários e figurinos com alto padrão de qualidade, garantiram o sucesso da companhia que em breve incluiria outros diretores – Luciano Salce, Flaminio Bollini, Maurice Vaneau – e um grande número de atores, tanto que em 1954 o TBC se dividiu em duas companhias e dois teatros, ativos até 1960[6], um em São Paulo e outro no Rio; acontecimento que estimulou não pouco o ressurgimento do teatro carioca que, recentemente, vem encaminhando-se para a reconquista de sua supremacia.

6. Nesse mesmo ano, alguns meses após a partida de Jacobbi, o TBC passou por uma crise de liderança e de financiamentos. Após uma década de produção em regime de mecenato, passou a ser socorrido pelo governo do Estado de São Paulo, mas em vão: colapsou e fechou as portas em 1964.

Cacilda Becker e Mauricio Barroso em Dama das Camélias, *de Alexandre Dumas filho, direção de Luciano Salce, São Paulo, Teatro Brasileiro de Comédia, 1951.*

Dercy Gonçalves e Daisy Santana em Dama das Camélias, *de Alexandre Dumas filho, adaptação de Hermilo Borba Filho, direção de Ruggero Jacobbi, São Paulo, Teatro da Cultura Artística, 1956.*

Cenário de Aldo Calvo para Henrique IV, *de Luigi Pirandello, com Sérgio Cardosos e Nydia Licia, direção Ruggero Jacobbi, São Paulo, Teatro Bela Vista, 1957.*

Contemporaneamente, Sandro e Maria Della Costa percorriam corajosamente o Brasil, lutando contra todos os tipos de desafios, mas sempre mantendo um repertório muito selecionado. Gradualmente, também chegaram a construir um teatro próprio em São Paulo: o Teatro Maria Della Costa, inaugurado em 1954, com *L'Alouette* (O Canto da Cotovia), de Anouilh, sob direção de Gianni Ratto. As companhias tradicionais começaram a ter receio de ir a São Paulo; até mesmo no Rio sua decadência ficou manifesta. Hoje, Dulcina se dedica quase exclusivamente a uma ilustre instituição cultural e didática da qual é fundadora; Jaime Costa atua ocasionalmente; Procópio faz turnê pelo interior com uma pequena companhia; os autores consagrados do período de 1920 a 40, calaram-se.

É o início da diáspora do TBC: Sérgio Cardoso e sua mulher Nydia Lícia se afastam para colaborar, no Rio, com uma companhia organizada pelo governo (a Companhia Dramática Nacional) e em 1956 inauguram seu teatro, em São Paulo: o Teatro Bela Vista. Neste mesmo ano, Adolfo Celi abandona a direção do TBC e, juntamente com a atriz Tônia Carrero e o ator Paulo Autran, muda-se para o Rio, conquistando uma imediata repercussão e apoio do público. Até Cacilda Becker, que fora a atriz-ícone da companhia de Zampari, retira-se para fundar o Teatro Cacilda Becker (que, apesar do nome, é apenas uma companhia viajante, e não um teatro estável como o de Maria Della Costa ou o de Sérgio Cardoso), em 1958.

Todavia, o TBC continua a funcionar com diversos acertos e, ainda em 1959, fez um sucesso excepcional com *Um Panorama da Ponte*, de Arthur Miller, direção de Alberto D'Aversa. Agora, pela primeira vez, é um jovem encenador brasileiro, Flávio Rangel, que dirige a instituição paulista. (Outros encenadores importantes da nova geração são Antunes Filho, José Maria Monteiro, Leo Jusi etc.).

Elementos egressos do TBC e do Teatro Popular de Arte – TPE reuniram-se em torno de Gianni Ratto e da atriz Fernanda Montenegro, fundando em 1959 o Teatro dos

Sete, no Rio de Janeiro. Enquanto isso, o Teatro de Arena (adotando o palco de arena) criado por José Renato, um ex--aluno da escola de Alfredo Mesquita, tem dado um grande impulso a jovens autores e encenadores, projetando-se na frente do movimento da *renovação* que – como se vê – em dez anos substituiu radicalmente o velho teatro.

A fase atual (fim da década de 1960) desse movimento revela uma inquietação nacionalista e uma tendência difusa ao realismo social ou ao estilo épico brechtiano. A fase anterior, encarnada principalmente nas figuras dos encenadores e cenógrafos italianos, agora está sendo acusada de formalismo e cosmopolitismo. Mesmo assim, é justo dizer que o primeiro e melhor texto da nova dramaturgia nacional foi encenado por Gianni Ratto, no TPA, em 1954: *A Moratória*, de Jorge Andrade, e que ao TBC se deve – antes disso – a descoberta de Abílio Pereira de Almeida, com *Paiol Velho*, e a revalorização de Gonçalves Dias, com *Leonor de Mendonça*.

Sob a batuta de Augusto Boal, o Teatro de Arena desenvolveu um Seminário de Dramaturgia, onde os trabalhos dos "novos" são debatidos em sessões coletivas com grande franqueza, incitando os autores a fazer modificações com as técnicas cênicas progressivamente disponíveis. Dali saíram diversas obras importantes; essa é uma das típicas atividades de "agitação cultural" dos tempos presentes, que vamos ver rapidamente no último capítulo.

Estreia de Casamento Suspeitoso. *Alberto Ruschel, Paschoal Carlos Magno, Renato Consorte, Nydia Licia, Ruggero Jacobbi e Daysi Santana.*

Noivado de Sergio Cardoso e Nydia Licia no TBC, *1950. Ruy Alfonso, Elisabeth Henreid, A. C. Carvalho, Marina Freire, Maurício Barroso, Abílio Pereira Soares, Waldemar Wey, Fredy Kleeman, Adolfo Celi, Carva Civelli, Ruggero Jacobbi, Nydia Licia e Sergio Cardoso.*

IV. UMA DRAMATURGIA *IN PROGRESS*

Agora, é hora de examinarmos um pouco mais de perto, e com critérios mais rigorosos, a literatura dramática produzida no Brasil nos séculos XIX e XX, único período no qual o país vem tendo uma verdadeira vida teatral. Tal vida se dá essencialmente, o leitor já deve ter compreendido, em três fases: a. uma *fase artesanal*, na qual os autores, ou colaboraram intimamente com a rudimentar e confusa atividade cênica de seu tempo, ou foram literatos que tentaram a expressão dramática fora dela e, por isso, frequentemente não tiveram repercussão, tornando-se estéreis; b. uma *fase industrial*, com uma florescente vida cênica mas, também, com uma vertiginosa queda de tom do repertório, nesta altura, todo produzido sob medida para atores e empresários, ou com olhos atentos nas "fórmulas" estrangeiras; c. uma *fase cultural*, que é a predominante hoje, onde a preocupação artística – fortíssima no setor do espetáculo – cede lugar, na fase de criação literária, à necessidade de circulação de ideias e à militância dos autores diante dos problemas de seu tempo. E estes são, no primeiro momento da *renovação,* problemas estéticos, isto é, as obras tornam-se contribuições para a formação do gosto moderno; posteriormente, são problemas ético-políticos, isto é, as obras são contribuições para a formação de uma consciência democrática moderna.

Especialíssima importância tem a dramaturgia da fase "a", onde o Brasil encontra sua primeira expressão nacional e fixa certas constantes, as quais permanecerão por muito tempo, também pelo seu valor literário. Na verdade, se me perguntassem à queima-roupa quais são os melhores autores do teatro brasileiro, no seu ainda breve período de independência, eu responderia, em sã consciência: Martins Pena e Gonçalves Dias. São dois escritores do começo do século XIX que representam precisamente as coordenadas do momento *artesanal*: um poeta de tablado e um poeta de mesa; ou melhor, um prosador e um poeta; um teatrólogo de sucesso popular e outro ao qual foi até mesmo negada a vocação dramática. Mas eu poderia persistir no catálogo das diferenças: um autor cômico (Martins Pena) e um autor trágico (Gonçalves Dias); um escritor onde tudo repousava na linguagem popular de seu tempo e outro que, ao contrário, utilizava-se de uma linguagem castiça, um registro elevado, dentro da tradição lusitana. Um autor que teve discípulos e lançou uma fórmula de comédia que segue tendo sucesso até hoje; enquanto o outro permaneceu desconhecido, como dramaturgo, até entre seus contemporâneos. E mais: Martins Pena é o indivíduo branco português que se integra completamente à vida da colônia; Gonçalves Dias é o tipo mestiço que olha constantemente para a cultura europeia. O primeiro descobre sua originalidade em uma dimensão democrática; o segundo procura por sua liberdade em uma dignidade aristocrática impossível. No entanto, devemos fazer uma análise mais dialética, para não reduzi-los aos polos "positivo" e "negativo" de um jogo banal. Ainda mais porque ambos são absolutamente positivos e relativamente negativos. Martins Pena reconta as histórias da estrada e da cidade, mas sem ter a consciência moral para fazer delas uma realidade nova, mesmo porque, ao contrário, ele faz da realidade um mero pretexto para o seu teatro; Gonçalves Dias se volta para o passado, para a história, para a lenda, mas depois introduz seu furor ético, sua singularidade psicológica, sua violência inventiva. O "realista" Martins Pena acaba balizando a noção de arte como jogo; o "romântico" Gonçalves Dias acaba por encontrar, ou ao menos apontar, uma noção de realismo mais alto. Para ser mais preciso: muitas vezes, em Martins Pena, ao conteúdo local não corresponde um "espírito do tempo" característico, enquanto Gonçalves Dias, pelo menos em suas obras mais bem sucedidas, revela, dentro do gênero europeu, um sentimento todo brasileiro.

Martins Pena

O teatro foi, no Brasil, até poucos anos atrás, quase em sua totalidade um teatro cômico: e nem mesmo teatro cômico com grande compromisso satírico, mas sim puro entretenimento. Através deste entretenimento pode-se, todavia, distinguir, documentalmente, as fases e ideologias representativas da história nacional. Isso, pelo menos, até o momento em que a chamada "comédia de costumes" foi coisa viva, apesar de sua modéstia; e certamente ela jamais esteve mais viva do que na obra de seu criador, Luiz Carlos Martins Pena (1815-1848).

Com o típico exagero do romantismo ibero-americano que, em seu fanático europeísmo, não conseguia controlar sua ânsia de estabelecer, mais cedo ou mais tarde, a mesma escala de valores do continente modelo, Martins Pena foi definido como *o Molière brasileiro*. Naturalmente, nada tem a ver ele com Molière, tanto no espírito quanto no valor. Seu mundo urbano, de contrastes miúdos entre mentalidades sociais ou gerações, com seu pitoresco intercalar de linguagens, pode lembrar Carlo Goldoni, especialmente o Goldoni das obras em dialeto; mas esta é uma vocação que se revela em Martins Pena em seus raros momentos de autoconsciência estética e não resulta de um trabalho, muito menos de uma influência. Enfim, Martins Pena alcança algo mais do que um honesto artesanato justamente porque não tem ambições neste sentido, não imagina que haja outro teatro fora daquele teatro de todos os dias. Reproduz diligentemente tramas e situações de autores menores, principalmente anônimos, franceses e portugueses de seu tempo; outras vezes, imita reduções e adaptações portuguesas de obras francesas. Não vive entre livros, mas sim entre roteiros manuscritos, todos cheios de rabiscos dos empresários, de indicações para o ponto, de marcas para o improviso dos atores, de anotações do diretor de cena. Não pensa na publicação de seus textos, todos voltados para a representação. Sente-se, em todas as suas comédias, aquele estado fluido de expressão teatral que é o primeiro passo para as improvisações inventivas dos comediantes, para os enxertos, as adaptações, quando mesmo a fala escrita é apenas uma sugestão que raramente se mantém intacta na viagem do autor para o ponto, deste para o intérprete e do intérprete para a plateia. Nada mais que um roteiro para ser descosturado e remontado, talvez até a cada noite. Mas, mesmo assim, por muitas que fossem as noites em que uma obra sua fosse apresentada, aposto que um Martins Pena permanecia um Martins Pena. Hoje, então, desaparecida a convenção cênica na qual o escritor colaborava com os cômicos na mais completa harmonia, não é mais possível reduzir aqueles roteiros a pretextos: tornaram-se textos. Toda variante ou interpolação da nossa parte seria *gauche*; não saberíamos mais recuperar aquele ritmo, aquele perfume, aquele sabor. Que são um pouco do Martins Pena, próprios de seu indubitável talento, e um pouco (muito) do seu mundo; tão diferente do Brasil de hoje que os netos já não se reconhecem nele, a não ser na forma de um distante sentimento de nostalgia irônica; e tão diferente, então, de toda uma perspectiva histórica e moral europeia que, para o leitor do velho continente, aquelas aventuras simplíssimas, aquelas pobres paisagens, aquelas personagens esquemáticas, podem vir a ser redescobertas do humano, vivências quase fantásticas, como se fossem sofisticadas estilizações e não fotografias instantâneas. Tanto que os encenadores de hoje se arriscaram a encenar Martins Pena (digo isso por experiência própria) apenas, de fato, estilizando; o que os leva sempre muito perto de um duplo perigo – formalista – da afetação ou do delírio. Mas não se enxerga outro caminho; trata-se de encontrar um tom, um tom que salve o "poético" de Martins Pena e não o murche na geometria dos efeitos cênicos. Poético derivado das "fotografias instantâneas" de que falamos; geometria, essa também oculta em Martins Pena, em seu modo de construir a cena todo apoiado em convenções (aquele grande cânon convencional do cômico, que vai do circo a Scribe). Vitória paradoxal, ao mesmo tempo da literatura e da realidade: assim como sempre acontece no teatro. Da literatura, Martins Pena não fazia tanto caso, ou ao contrário, fazia muito, por se achar indigno; e da realidade ele não fazia uso senão por considerá-la o ponto de partida, adequado ao seu público, para fábulas cênicas meramente estilizadas. Hoje, entretanto, essas obras são textos a serem interpretados, são "clássicos": neles, então, devemos ver a marca de um momento histórico e a graça da palavra.

Durante todo o século XIX, a glória de Martins Pena ficou confiada apenas, na avaliação dos historiadores de teatro, a uma comédia em três atos, *O Noviço*, mais carola e mais severa na estrutura que as outras inocentes "burletas". Mas era um preconceito crítico *à la* Brunetière[1]; os contemporâneos preferem as comédias em um ato, oscilando entre a esquete e a farsa, sem maiores preocupações de composição. Mais recentemente, a descoberta do manuscrito de *As Casadas Solteiras*, outra comédia em três atos (mas são três "atinhos"

1. Crítico francês (1849-1906) lembrado pelo ferrenho classicismo que aplicava como critério normativo em prejuízo da personalidade de cada autor.

breves como suspiros) trouxe à baila a questão do "fôlego" de Martins Pena. Para mim, é uma falsa questão; e não vejo diferenças substanciais entre *O Noviço* e as comédias ligeiras, mesmo *As Casadas Solteiras*. Acredito, aliás, que ambas as comédias mais extensas pertençam à melhor produção de Martins Pena, no mesmo espírito e estilo de suas melhores obras em um ato, com as quais compartilham, seja o compasso extravagante da ação, seja a grande liberdade da forma. Em um ponto estamos todos de acordo, oitocentistas e modernos, brasileiros e estrangeiros: que o Martins Pena dramático é apenas a sombra do Martins Pena cômico, pois em última instância não resiste a qualquer análise (nem mesmo *Leonor Telles*, apesar de ser seu melhor drama, como veremos). Essa sentença já havia sido pronunciada por seus contemporâneos, críticos e espectadores. Ficou sem apelação. Talvez o próprio autor concorde, lá com seus botões.

Entre as obras em um ato, vale a pena sublinhar ao menos duas invenções incríveis, de hilária ingenuidade: *Os Dois ou O Inglês Maquinista* e *O Diletante*. O ponto de partida de ambas é satírico: com um alvo evidente, que no primeiro caso é a imprudência dos aventureiros ingleses vindos para fazer fortuna no Brasil; no segundo caso, é a doce loucura dos melômanos que lotavam as casas de ópera, especialmente na temporada italiana, repletas de novidades de Bellini, Donizetti e Rossini, cantadas pelas gargantas de ouro de seu tempo, e que depois confundiam o melodrama com a vida, um pouco como Dom Quixote fazia com os poemas de cavalaria. *O Inglês* é mais movimentado, mais abrangente, mais rico, destacando-se nele uns tipos urbanos muito vivos; o outro é mais lento e um pouco preso, circunscrito ao memorável retrato de uma só personagem, o *diletante*. O início da primeira comédia vale como uma preciosa introdução ao mundo da época; onde as personagens tomam café e comentam as notícias do dia lendo os jornais (mas sempre visando a eficácia: o artesão Martins Pena jamais se daria ao luxo da pura descrição, não há fala que não sirva para avançar no roteiro). E vale, como formidável peça de sátira, a tirada em que o inglês Gainer descreve com seco despudor as suas invenções – uma máquina na qual se introduz uma vaca para receber do outro lado, além de um bife já cozido ao ponto, leques feitos com seus pelos e pentes feitos com seu chifre; e ainda um negócio imperdível para explorar o açúcar que estaria escondido nada mais, nada menos que nos ossos dos defuntos. O pequeno monólogo da viúva alegre (que entra em cena com a "testa encarnada" por causa dos cabelos brancos que acaba de arrancar) é muito gracioso. E quando o marido, que se acreditava morto, entra em cena embrulhado em uma grande capa e narra o seu cativeiro por obra dos rebeldes do Paraguai, não há dúvidas de que Martins Pena – embora ingênuo e trabalhando para um público ainda mais superingênuo – desta vez zombou das reviravoltas e revelações finais surpreendentes do teatro trágico da época, inclusive de sua própria obra. Como quando – em *O Diletante* – uma complicada história de filhos ilegítimos traz à cena uma mulher que se ajoelha, chorando, com duas crianças no colo, e então entra o melômano, para quem a Norma é o ápice da sensibilidade humana, e identifica subitamente a cena com seus sonhos: os *cari pargoletti* [queridos filhinhos] são as bacias do barbeiro nas quais ela vê o elmo de Mambrino[2]. É incrível o charme que alcança, com pouquíssimos e involuntários toques, esta pequena comédia sem pretensão, diante da qual uma obra de Gherardi della Testa[3] se transforma em um monstro de sabedoria técnica e profundidade psicológica; porque é o charme da única coisa da qual nosso bom Testa carecia: a fantasia ingênua, a ousadia inconsequente de "inventar" o teatro. Quando, no final do *Inglês*, entram em cena os membros de uma irmandade a cantar estrofes do

2. Mambrino é personagem do capítulo XXI da primeira parte do *Dom Quixote de la Mancha*, de Miguel de Cervantes, "que trata da alta aventura e preciosa ganância do elmo de Mambrino, como de outras coisas sucedidas ao nosso invencível cavaleiro".

3. Tomaso Gherardi della Testa (1818-1881), autor cômico italiano de menor importância.

reisado, Martins Pena não se desculpa com ninguém por causa dessa tão forçada intromissão da música, necessária ao *gran finale*; e, por isso mesmo, ele se salva, pois aqui um encenador contemporâneo pode fazer desta arbitrariedade um momento de pura reconstituição histórica, um justo encerramento da comédia em sua moldura histórica natural.

Irmandades e encapuzados dominam também a cena em *Os Irmãos das Almas*, história de uma burla; e as superstições populares têm seu papel na ligeiríssima história de amores contrariados em *O Judas em Sábado de Aleluia*; sem falar das comédias rurais, como *Juiz de Paz na Roça*, ou *A Família e a Festa na Roça*, onde desponta um realismo mais preciso e uma observação de costumes um pouco menos amável, já sem medo de ofender o público, que se divertirá às custas dos camponeses, sem ver na cena um espelho. Entretanto, são obras descontínuas, ainda que de grande valor documental; nelas, de fato, chega-se a um ponto próximo da esquete de revista. (Uma é, por si só, um espetáculo: a bela parada da festa na praça em *Família*, cuja simples encenação na prática vale por um curso inteiro sobre a história dos trajes.) Como abrangência teatral, é justo dizer que Martins Pena ganha quando não se distancia do Rio de Janeiro, onde sua intimidade com a plateia é tão profunda que lhe bastam poucas palavras para deixar a comédia correr solta, sem se deter em curiosidades excessivas e detalhes pitorescos. O sabor "carioca" do *Inglês*, do *Diletante*, das *Casadas Solteiras* e, em parte, do *Noviço*, é uma das garantias de sua maior coerência. Veja-se, no começo de *Solteiras*, a estrutura coreográfica da feira, um parque de diversões primitivo, na ilha de Paquetá: não é mais uma licença de direção, sem apoio nenhum no texto, como no final de *Família*: é o pano de fundo ou quase a matriz fantástica da história que se passa na peça. Assim, o sequestro de duas mocinhas por parte de dois ingleses será concebido e levado à realização através do "número mágico" de um falso quiromante; e a sacrossanta pancada que o pobre Jeremias leva de sua esposa, ao final do ato, será marcada pela explosão, por todos os lados, de fogos de artifício. No segundo ato, que se passa na Bahia, onde os dois ingleses tomam um fabuloso porre, forçando à fuga as duas esposas, já cansadas de prepotências, há um sabor tropical, um ar de sonolência e de *siesta*, que combina naturalmente com a atmosfera da região. No terceiro ato, o achado dos barris cheios de líquido colorido nos quais os dois ingleses são imersos, é outro exemplo de perfeita coincidência entre narrativa e encenação. Sinal evidente do homem de teatro, de seu instinto no ofício; que também em outra ocasião alcança uma notável potência figurativa utilizando somente ferramentas verbais, mas tão brilhantes que "surgem" em cena como se fossem visuais: no *Noviço*, quando o rapaz narra a tremenda confusão que sua fuga causou no convento dos frades. Pequeno comediógrafo, mas explosivo e genuíno, Martins Pena chega, às vezes, com essas qualidades, a enfatizar certas características nacionais, como a cordialidade democrática, a simplicidade dos afetos, a facilidade do entusiasmo, como também seus aspectos negativos, com uma clareza ágil e ligeira que vale como um veredito.

Não será inútil comentar que todas as palavras usadas até aqui pertencem a um vocabulário pesado demais para esse escritor, para esse teatro de papel de seda, de sombras chinesas, de perfis feitos a lápis. Recortes de velhos jornais ou coleções de cartões postais, mesmo quando se diz "belo" sem saber se, no fundo, a coisa realmente bela não seria nossas fantasias a respeito do passado; mas a noção de valor abrange essa margem evanescente, pois é tão tenaz que admite o risco de ser ao mesmo tempo pessoal e impessoal. Tanto que, quando o mesmo escritor sucumbe, com sua fragilidade, sob o peso de um gênero ou de uma problemática que não são para o seu bico, aquela imprecisão duvidosa desaparece e deixa lugar ao mais severo descontentamento ou até ao ridículo. Falo dos dramalhões de Martins Pena, que parecem escritos por Francesco Maria Piave[4] em prosa, sem

4. Libretista italiano (1810-1876) célebre por sua parceria com Giuseppe Verdi.

sombra de música. Não só feios, mas hilários: *Fernando, ou o Cinto Acusador* pode estimular uma encenação de atroz surrealismo, uma paródia frenética dos seus castelhanos, seus duelos e suas noites de horror. (Enfim, a grande gargalhada de *Ubu* surge de um impulso "colegial" do mesmo gênero, mesmo que capaz de ecoar mais longe.) Quando a prosa se transforma em poesia, como no *Guerreiro de Tupã* (drama das selvas, ou "indianista", segundo a moda romântica), não há mais nada a fazer: até mesmo o bom humor é esmagado e resta apenas o tédio. Às margens de uma comédia quase de fantoches, foi dado a Martins Pena evocar, não sei por qual mágica, figuras quase humanas; mas quando ele quis dar vida a homens de verdade, de grandes paixões, não conseguiu mover sequer os fantoches. Apenas uma vez sente-se, sob a pena ou para além da página escrita, que há matéria verdadeira para um drama, ainda que bem fraquinho; em *Leonor Telles*, releitura de um episódio da história portuguesa: o sinistro domínio de uma cortesã sobre o rei Ferdinando II e seu fim. A personagem "negativa" (contudo, contraditória e, por isso, viva) de Leonor é sentida com energia e mesmo com certa ambiguidade de caráter e comportamento, insuspeitas em Martins Pena; talvez seja a fonte (historiográfica ou, por sua vez, já dramática?) da qual ele extrai essa matéria densa. Mesmo assim, tudo se reduz a algumas cenas, uns momentos, uma série de painéis; não chega a formar uma obra exaustiva. Para chegar à unidade seria preciso a consistência de outras personagens e um conflito trágico: elementos de todo ausentes.

Gonçalves Dias

Coube a outra Leonor, ela também histórica e lusitana, realizar no Brasil um pequeno milagre de beleza dramática, por obra de um autêntico poeta. Será a essa "divina Leonor" que Antônio Gonçalves Dias (1823-1864), o melhor poeta lírico do romantismo, confiará, ainda muito jovem, o tema mais caro à sua inspiração e uma ingênua expectativa de sucesso na carreira teatral, destinada à desilusão da forma mais categórica. Daí a amargura que vai oprimir toda a vida do autor, somando-se a muitas outras razões de angústia e de solidão, até levá-lo a cedo abandonar aquele teatro que, com três dramas inseguros e com uma fulgurante obra-prima, havia se revelado como a sua mais profunda vocação. Vocação que ninguém reconheceu e na qual ele mesmo, por fim, deixou de acreditar. É uma história que merece ser recontada, não só porque se trata da história da única obra universal da dramaturgia brasileira até hoje (1960), como também por ser um episódio capaz de iluminar a compreensão do período que estou tentando descrever através de alguns autores e de poucos trabalhos dignos de memória.

Gonçalves Dias nasceu no Nordeste do Brasil, atual estado do Maranhão, da união ilegítima de um português e de uma escrava mestiça, com sangue índio e africano. À dolente figura da mãe é secretamente dedicado um de seus mais belos poemas, *Marabá*. Gonçalves Dias sofreu a vida toda em consequência de sua origem; mais na alma do que na prática, já que, passada a dolorosa vivência da juventude, advieram-lhe a fama e uma posição oficial. Mas vieram tarde, quando a ferida já se abrira nele, escavando a fissura de um tremendo complexo de inferioridade, de um ardoroso sentimento da injustiça, que são as marcas mais sinceras de sua obra-prima dramática. Fez seus estudos em Portugal às custas de amigos e protetores; na universidade de Coimbra teve oportunidade de entrar em contato com a cultura europeia de seu tempo, estudando italiano, francês, alemão e amadurecendo em si aquele privilegiado equilíbrio entre o gosto clássico e a filosofia romântica que caracterizou os melhores autores daquele início de século (basta pensar em nosso italiano Leopardi; mas leve-se em conta, para o caso de Gonçalves Dias, sobretudo Schiller, seu preferido). Em Coimbra, aos 21 anos, escreveu seu primeiro drama: *Patkull*, inspirado na leitura das obras históricas de Voltaire e de Schiller sobre a Guerra dos Trinta Anos. Aos 22, é a vez de *Beatrice Cenci*; e com estes dois manuscritos no bolso, regressou ao Brasil, certo de poder seguir carreira triunfal de autor dramático. Entretanto, no Brasil lhe esperavam a miséria, a necessidade imediata de trabalho e uma profunda desilusão amorosa, originada justamente de sua condição racial. Mudou-se para o Rio de Janeiro, onde foi jornalista, professor e tradutor, e à sua melancolia se adicionaram três fatores decisivos: a rejeição de suas primeiras obras dramáticas por parte do Conservatório, uma por motivos linguísticos, outra por motivos morais; um casamento infeliz, contraído apenas para fugir da solidão; e uma doença grave. Enquanto, ainda confiante, esperava a resposta do Conservatório, escreveu *Leonor de Mendonça*. Não tinha mais que 24 anos. Esta acabou aprovada pelo Conservatório; mas João Caetano, aparentemente, não quis saber da peça, porque não havia papel de protagonista para ele. Restou ao autor o consolo da publicação, em parte às suas custas, acrescentando um prefácio que é um modelo de clareza crítica e de lucidez quanto aos problemas do teatro brasileiro da época. Enquanto isso, sua poesia fazia sucesso, na pátria e em Portugal; a corte imperial se afeiçoou ao poeta, agora considerado o maior lírico nacional; encarregou-o de diversas missões científicas ao interior do país e na Europa; e do dramaturgo não se falou mais. Um quarto drama, *Boabdil*, ficou na gaveta: apesar de uma carta do poeta dar a entender que teria sido representada em Dresden, em alemão, mas de tal apresentação não há notícias. Pode-se dizer que o dramaturgo Gonçalves Dias morreu aos 25 anos totalmente ignorado: sobrevive-lhe o poeta; a este, depois, sobreviveu o homem. De fato, em seus últimos anos, Gonçalves Dias arrastou sua melancolia e seu corpo doente pela França, pela Alemanha e pela Bélgica, ocupando-se mais em rever as edições de seus versos e de traduzir textos românticos europeus do que em produzir novas obras. Encontrou a morte com apenas 41 anos, no navio que o trazia de volta à terra natal; e não por causa da doença, mesmo que esta o tivesse atormentado durante toda a viagem, mas sim por causa do naufrágio do mesmo, o *Ville de Boulogne*. Fazia a travessia deitado na cama, retocando a sua tradução da *Noiva de Messina* de Schiller: última homenagem aos dois amores da juventude, o poeta alemão e o teatro. A sua bagagem desapareceu nas ondas, enquanto foram recuperadas as de quase todos os outros viajantes; e, portanto, da *Noiva* temos somente a primeira versão, onde há trechos estupendos alternados com outros não elaborados, nem mesmo do ponto de vista da métrica.

A obra poética de Gonçalves Dias compreende versos, pequenos poemas épicos e versões ou imitações de outras obras. Ao crítico de teatro, interessam principalmente os segundos, que por causa de sua estrutura excedem os limites habituais do gênero. São grandes baladas em métrica variada, de tema "indianista", isto é, fundadas no mito rousseauniano do bom selvagem, honesto e inteligente, para o qual a civilização dos brancos trouxe infelicidade e morte, como inevitável origem de uma nova ordem das coisas, mas também como um irreparável adeus ao estado de natureza, ao paraíso da inocência. As nações indígenas são retratadas com elevadas e esculturais declamações; destacam-se personagens apenas esboçadas, mas de gigantesca estatura; diversamente de composições românticas similares (basta pensar nos italianos Berchet e Prati), não é tanto nos momentos líricos, mas sim na tensão do diálogo e do monólogo, que devemos procurar a originalidade do poeta; como se cada poema fosse o núcleo de uma futura tragédia, de um espetáculo armado sobre um fundo de paisagem selvagem e primitiva. Poeta, e grande poeta, foi Gonçalves Dias em seus versos mais estreitamente inseridos no "gênero"; contudo nos pequenos poemas míticos é difícil não enxergar o dramaturgo.

Os seus dramas, exceto *Leonor*, ficaram inéditos e, o que é pior, abandonados, sem que o autor tivesse a preocupação de rever sua primeira e improvisada roupagem; daí o sabor de provisório, de ingenuidade juvenil, de aspereza e de incompletude, que não aparece em *Leonor*. Mas, se o *Boabdil* (inspirado na leitura de *As Aventuras do Último Abencerrage*, de Chateaubriand) é francamente ruim; e *Cenci*, apesar de alguns momentos felizes, afoga-se no melodramático; o *Patkull*, ou seja, o primeiro e mais desajeitado drama, merece uma atenção crítica, quase germe ou núcleo da futura obra-prima. Patkull foi um herói nacional de Livonia, um soldado de fortuna que visitou muitas vezes o rei da Suécia e o tsar russo, sempre na esperança de fazer de seu povo uma nação; e terminou no cadafalso pelas mãos dos suecos, pois o rei da Polônia o entregara, salvando assim seu trono em troca da cabeça do herói, condenado por alta traição. No entorno da figura nobre, mas contraditória, de Patkull (que pode lembrar Wallenstein) movem-se a neurótica e fugidia Namry, sua namorada; o libertino Paikel, um misto de Dom Juan e alquimista, típico Cagliostro[5] setecentista; uma serva seduzida por este último; e um pajem fiel ao herói. Os acontecimentos, um tanto incríveis e libretísticos, deste grupo dominado por paixões obscuras, embatem-se com aqueles implacavelmente objetivos e racionais da vida política e militar; até que toda consideração humana esteja perdida, e mesmo os canais subterrâneos dos sentimentos e ressentimentos, em suma da psicologia, favorecem o triunfo da razão de Estado. A cena central do drama é aquela em que Namry se dirige ao derrotado rei polonês (quase sozinho em seu imenso palácio, entregue às mãos de seu desleal conselheiro Fleming, ameaçado e chantageado pelos suecos), para implorar misericórdia para Patkull. O rei quer salvar sua reputação, faz papel de um homem bom e indulgente, e talvez o seja no íntimo; mas quer ao mesmo tempo salvar o trono. Não se conforma, no entanto, com o julgamento e o desprezo de Namry: deseja que ela o compreenda, que aceite seus favores, que se torne uma aliada. Namry o acusa ferozmente de ser um rei burlesco, um covarde e um perjuro, e vai embora. Patkull morre; e a Namry não restará senão o remorso de ter entendido tarde

5. Alquimista siciliano (1743-1795) dono de uma lendária biografia.

demais a sua lealdade e a sua grandeza. Nos altos e baixos vertiginosos deste texto, sente-se continuamente a força da inspiração dramática de Gonçalves Dias e a vibração de certas cordas muito próprias: a injusta sorte que aguarda os homens honestos e inteligentes; a incompreensibilidade da alma feminina; a atroz arrogância da organização social em relação às aspirações do indivíduo.

Estes temas retornam com outra consciência, sujeitos a uma precisa elaboração estilística, em *Leonor de Mendonça*, história tirada de uma crônica medieval portuguesa. De fato, a Idade Média e a paisagem portuguesa são sentidas com frescor pelo autor, como presença próxima e musical; uma ambientação tão real quanto é postiça e operística a ambientação nórdico-eslava de *Patkull*. O drama flui com velocidade, mas sem sacrificar as necessárias pausas e tons, numa residência campestre de Vila Viçosa; lugar afastado, onde o feroz e atormentado Dom Jaime mantém uma pequena legião e para onde o seguiu a jovem esposa Leonor de Mendonça, acostumada à vida da cidade, às delicadas relações familiares, às gentilezas dos jovens, aos modos refinados da aristocracia. Apesar de terem dois filhos, não se pode dizer que Leonor é realmente mulher de Dom Jaime, nem por constância e doçura das relações carnais, nem por intimidade intelectual ou moral; é uma rainha inútil, reduzida à companhia da serva fofoqueira, mas pronta para se tornar a qualquer momento uma escrava. Dom Jaime queria ser padre e não se casar; por motivos políticos, escolheu a carreira militar, entretanto, carrega consigo uma raiva que alivia em bizarros passeios, em visitas a conventos, em crises de temerosa fúria. É claro que ele prefere a companhia dos homens, sejam eles monges, caçadores ou guerreiros; na mulher, ele vê sobretudo o pecado, a futilidade, a vaidade terrena, o espelho de tudo o que detesta, de tudo para o que se deixou arrastar, para resgatar com sua autoridade feudal um obscuro drama de família, que marcou a ferro e fogo sua infância: a vergonha de ver seu próprio pai profanado e despojado de seus direitos (tema já acenado em *Patkull*). Jaime é um verdadeiro monstro ao modo de Marlowe[6], por sua complexidade psicológica; mas Gonçalves Dias o encara de modo sintético, mantendo--lhe a certa distância, sem identificar-se com ele como faria um ator expressionista; antes com a lucidez de um clássico, ou melhor, de um realista. A relação entre ele e Leonor é claramente inspirada na leitura de *Otelo*; muitos momentos do drama lembram de perto o conflito entre o Mouro e Desdêmona, e Vila Viçosa torna-se uma pequena Chipre. Gonçalves Dias era o primeiro a saber disso e, no prefácio da obra, toma o cuidado de esclarecer, com extraordinária consciência crítica, o que deve a Shakespeare, bem como no que se distancia. Eu diria que a diferença mais substancial é, na verdade, a falta de um verdadeiro amor, mesmo um ciúme real, entre as duas personagens do brasileiro; as quais não chegaram a conhecer aquela ardente e vertiginosa intimidade erótica que liga Otelo e Desdêmona. Leonor é honesta e puríssima, no entanto não pode deixar de submeter-se ao fascínio um pouco infantil do jovem Alcoforado; e, se o marido transforma este inocente relacionamento em pecado (graças a um chapéu, que tem a mesma função do lenço de Cássio), é porque busca um pretexto para detonar seu ódio secreto, enquanto ela busca o espanto de ser condenada por qualquer coisa que, talvez inconscientemente, desejou, mas contra a qual sempre se rebelou com soberba determinação. O último ato é de uma penetrante beleza: é a longa noite de Leonor, a longa luta de Leonor contra a morte. Ela é jovem, é mãe, é inocente, quer viver: só agora, a dois passos de um final sangrento e vergonhoso, Leonor compreende todo o valor da vida, a beleza dos dias e dos países, o prazer de respirar e de caminhar; e quer transmitir ao marido, executor de uma lei obscura, encarnação da noite e da morte, este seu sentimento, para que ele a perdoe. Parece-lhe impossível que ela, uma mulher bela e pura, deva cair; há ainda uma curiosa vaidade feminina e social nessa atitude. Ela

6. Isto é, fascinante em suas hiperbólicas paixões, assim como os vilões criados pelo dramaturgo inglês Christopher Marlowe (1564-1593).

ameaça e reza, implora e insulta, pede perdão e acusa: de nada lhe servirá. A tragédia termina secamente com o grito de Dom Jaime que a arrasta para o cadafalso: "Morrereis! Morrereis!" Terá que ser ele mesmo o algoz, pois o padre a absolveu e o carrasco não quer executá-la

Será entendido que a revolta de Leonor contra uma injustiça que se disfarça de justiça transcendental, indecifrável, é a mesma revolta de Gonçalves Dias contra o próprio destino. Colocando em conflito estas duas enormes personagens, ele consegue combinar maravilhosamente o espírito romântico e seu dom de composição lúcida, racional, profundamente pensada.

Uma Galáxia de Autores Menores

O teatro da época romântica não possui outros autores que se possam comparar a Martins Pena e Gonçalves Dias. Se não fosse por desejo de completude histórica, a maior parte dos nomes poderia passar em silêncio. Este baixo nível pode ser encontrado principalmente no drama, onde se acentua a falta de originalidade. O público não se interessa pela literatura dramática, portanto os autores seguem buscando distanciar-se da realidade do país, refazendo inutilmente os versos de Hugo, Schiller, Byron, sonhando com a civilizadíssima Europa e amaldiçoando sua condição tropical. O único gênero de drama que às vezes atinge a plateia é a tradução de folhetins, ou as aventuras de capa e espada, ou alguma variante da *comédie larmoyante*[7]; e mesmo nestes, não há temperamento nacional, estamos sempre nas paragens de Dumas pai e Kotzebue. A comédia de costumes é mais viva, pois sua derivação do presente a defende da abstração, da anti-historicidade; apesar

7. Gênero surgido na França do século XVII, que teve grande fortuna ao misturar os estilos cômico e trágico, enquanto o teatro da época os separava rigidamente. A *comédie larmoyante* (comédia lamuriante) visava induzir às lágrimas por meio da estética do patético: personagens voltadas à iminente tragédia conseguiam esconjurar os perigos e garantir o final feliz.

de ser também demasiado tradicional e tímida, sem sátira mordaz, sem liberdade de invenção.

Acompanhando a distinção em três períodos, proposta por Silvio Romero (marcante crítico positivista a quem devemos a primeira e mais ampla história da literatura brasileira), recordaremos alguns autores que se destacam pela qualidade literária ou cênica, ou por sua influência nos hábitos de seu tempo. No período 1838-1850, além de Martins Pena e Gonçalves Dias, temos a obrigação de citar, em primeiro lugar, o "pai" da dramaturgia romântica: Gonçalves de Magalhães (1811-1882), o famoso visconde de Araguaia. Político e diplomata de grande autoridade, morreu em Roma, onde se encontrava na qualidade de embaixador extraordinário junto ao governo italiano. A sua tragédia *Antônio José, ou o Poeta e a Inquisição*, evoca a vida do Judeu; assim, por causa de um simbólico paralelismo, o primeiro texto do teatro nacional independente é dedicado à memória de um dramaturgo natural do Brasil morto pelas mãos dos portugueses. Uma declamação libertária em estilo alfieriano[8] não consegue resgatar, nem mesmo aqui, a linguagem poética de Gonçalves de Magalhães, preso aos modos de um Filicaia[9], apesar de seu projeto romântico. Mais interessante, mas somente pela grande (por vezes grossa) figura do herói é o *Olgiato*, cujo argumento milanês o autor deve ter pego em algum tomo de história italiana, já que sua primeira viagem à Itália (melhor, para o Reino das Duas Sicílias) foi em 1847, e a obra data de 1841. O trovejante protagonista da tragédia tornou-se uma especialidade de João Caetano, assim como *Oscar, o Filho de Ossian*, que Gonçalves de Magalhães adaptou para o ator a partir de Arnault, e o *Otello* de Ducis, adaptado e traduzido, de modo que não sobrava nele qualquer vestígio de Shakespeare. Mas, ao menos, por trás da retórica de Gonçalves de

8. Se diz "alfieriano" um estilo solene e impetuoso, como o do poeta e romancista Vittorio Alfieri (1749-1803), romântico na arte e na vida votada ao ódio pela tirania.

9. Vincenzo de Filicaia, poeta italiano (1642-1707) da Arcadia florentina, membro da Academia della Crusca.

Magalhães havia uma cultura, uma participação nos temas de seu tempo e uma veia filosófica à qual devemos o melhor da sua obra; que não está em português, mas em francês; e não é poética, mas ensaística. Não se pode dizer o mesmo, infelizmente, de seus contemporâneos: de Norberto Silva, por exemplo (1820-1891), autor de um *Clitemnestra* e de libretos de ópera; ou de Antônio Teixeira e Souza (1812-1861), que foi tipógrafo e romancista. Uma *Cornélia* e uma versão da *Lucrécia* de Ponsard são suas contribuições para a tragédia; mas é com *O Cavaleiro Teutônico ou a Freira* que Teixeira e Souza aderiu à forma mais popular de drama romântico, aquela que se espalhou pelo mundo graças a Soulié[10]. Interessa mais o esforço do paulista Paulo do Vale (1824-1886) no sentido de alcançar uma temática nacional: um de seus textos tem como título secundário "drama histórico brasileiro", e todos são relacionados ao ambiente da América: *Amador Bueno, Caetaninho ou o Tempo Colonial, Capitão Leme ou a Palavra de Honra* etc. Mas não se vai além da fotografia patriótica e do efeito melodramático. Igualmente medíocre (e lamento dizê-lo) é a obra teatral da extraordinária figura humana que foi Araújo Porto-Alegre (1806-1879), poeta, pintor, arquiteto, cenógrafo, de inquietos e ricos interesses, um dos espíritos mais dinâmicos e inovadores da época. Os manuscritos de muitos textos teatrais recitados e não publicados andaram um pouco dispersos; e entre eles a tradução do *Aristodemo* de Monti e da *Lucrécia Bórgia* de Victor Hugo. Mas as obras impressas oferecem um panorama adequado do amor excessivo por ideias, e escasso pelo teatro, de Porto-Alegre; melhor, de todo modo, na comédia que no drama; e especialmente em *A Estátua Amazônica*, sátira da mania arqueológica – e das imposturas – de certos viajantes estrangeiros no Brasil imperial.

O mesmo tom e a mesma incerteza continuam em grande parte do período sucessivo: 1850-1870, sempre segundo

10. Frédéric Soulié (1800-1847), conhecido autor de dramas históricos que retratavam o espírito romântico.

a divisão de Silvio Romero. Mas aqui assistimos ao renascer da comédia de costumes, com participação ativa na vida teatral por parte dos romancistas da época. Ainda genericamente romântica é a obra de Luis Antônio Burgain (1812-1877), professor francês que passou quase toda sua vida no Rio de Janeiro. É sua a primeira tradução de *Bugiardo* (O Mentiroso), de Goldoni (a qual se seguiram, no século XX, uma versão de Gastão Pereira da Silva e uma de minha autoria[11]); são seus alguns dramas históricos de ambiência portuguesa ou brasileira, bem feitos, um deles sobre a vida de Camões. Também os dois Pinheiro Guimarães, pai e filho, pertencem a este modesto círculo de interesse. O pai, Francisco José (1809-1857), traduziu Hugo (*Ernani*) e Byron (*Sardanapalo*), além de um grande número de libretos líricos, especialmente aqueles escritos por Romani e por Cammarano para Bellini e Donizetti; tentou ainda a comédia de costumes, com *A Ciumenta* e com *O Brasileiro em Lisboa*. O filho, Francisco (1832-1876), foi um dos melhores críticos dramáticos de seu tempo, traduziu Schiller (*A Donzela de Orléans*) e também experimentou o gênero nacional-burguês. Ainda com Barata Ribeiro (1843-1910) encontraremos a fórmula típica da época romântica, entre o dramalhão e a comédia de costumes, com destaque aos ambientes locais (Bahia) e temas políticos (o abolicionismo).

Mas, como dissemos, os mais famosos escritores da época se aproximam, nesta fase, do teatro: Franklin Távora (1842-1888), na verdade muito inferior aos outros; Joaquim Manuel de Macedo (1820-1822), José de Alencar (1829-1877) e finalmente Machado de Assis (1839-1908). Este último merece um discurso à parte; enquanto dos outros dois pode-se dizer logo que, diferentemente de seus romances, onde predominam tons patéticos e dramáticos, com resultados por vezes notáveis (especialmente em Alencar), as suas excelentes comédias estão em um nível muito acima

11. A versão traduzida por Jacobbi é a que vai à cena no TBC, em novembro de 1949, com Sérgio Cardoso no papel-título.

de seus dramas, estes bem fracos e convencionais. Parecem ter a função de dar maior consistência literária ao gênero introduzido por Martins Pena; e, por este caminho, acabam por formar uma espécie de ponte entre o autor de *O Noviço* e o comediógrafo típico da fase posterior, Arthur Azevedo. A postura burguesa da indulgência, do sentimentalismo, da candura provinciana, encontram nos romances de Macedo seu autor mais típico, especialmente no popularíssimo *A Moreninha*; no teatro, entretanto, limitam seu fôlego crítico, reduzindo os dramas a fracas elegias, inutilmente agitadas pela sequência mecânica dos efeitos, e reduzindo as comédias a brincadeiras quase nunca capazes de levar a maiores consequências os temas e motivos sociais que são nelas intuídos. Digo "quase nunca" porque, por exemplo, nos cinco atos de *Luxo e Vaidade* há muitas vezes uma dureza de moralista e uma lucidez de observador da vida burguesa realmente inesperadas; sua técnica lembra o melhor Torelli[12] de *Maridos*, comédia à qual a de Macedo se assemelha também na trama. Mais ágeis e aceleradas, mesmo que mais superficiais, são as suas farsas: *O Novo Otelo*, onde a caçoada que Martins Pena faz dos fanáticos da ópera lírica é repetida às custas dos devotos de João Caetano e de seus Shakespeares traduzidos por Ducis e retraduzidos por Magalhães; *A Torre em Concurso*, onde se verifica uma veia de sátira política que florescerá em autores posteriores; *O Primo da Califórnia*, sequência bem arquitetada de pequenos causos em torno de uma herança imaginária, com alguns tipos populares traçados com habilidade; e *O Macaco da Vizinha*, recentemente descoberta, do qual ainda é incerta a autoria. O autor mais importante, mesmo no teatro (no romance, sua superioridade chega a ser vertiginosa), é José de Alencar. Este formidável inventor de casos romanescos, que soube alternar sua veia quase salgariana[13] de romances

12. Achille Torelli (1841-1922), dramaturgo italiano famoso principalmente pela comédia *I mariti* (1867).
13. Emilio Salgari (1862-1911), escritor italiano de romances de aventura e pirataria.

"indianistas" com duas ou três provas de grande perspicácia psicológica, reencontra em cena, mesmo que nem sempre, sua privilegiada fluidez. Nem sempre, digo, por faltar-lhe aqui, e muito, o dom da síntese; fala muito, quer dizer tudo, perde-se no sombreado, nos decalques. (Limite típico dos romancistas; bem o sabia Balzac e tantos outros, em seus infelizes namoros com o teatro). Tanto que sua obra-prima cênica, *O Demônio Familiar*, é reconstruída habilmente, no nosso século, com muitos cortes, por Viriato Correia; e nada se perdeu, pelo contrário. Os quatro atos da comédia são dominados de cima a baixo pelo brilho irresistível de um menino negro, um novíssimo Arlequim tropical, que serve de paraninfo para os amoricos dos senhores brancos e que possui um verdadeiro gênio para intrigas e mentiras. Esta esplêndida figura, juntamente com o tipo bastante curioso do jovem de província recém-chegado de Paris, destaca-se entre outras personagens muito mais convencionais, em uma história que nem sempre encontra o ritmo certo. Mas a qualidade do escritor é um tanto quanto mais verdadeira que a de seus contemporâneos; e apenas em termos de estrutura, ou melhor, de fluidez, ele perde para Martins Pena. Pouco importa que o argumento da comédia seja essencialmente reacionário (alertando as famílias dos prejuízos provocados à "pacífica" moral católica portuguesa pela imoralidade dos negros), porque o retrato da sociedade romântica imperial é desenhado com tanta fineza, com tanto bom gosto, que o argumento não produz efeito. *O Demônio Familiar* foi a primeira comédia de Alencar, escrita aos 29 anos; nenhuma das posteriores (e não são poucas) tem o mesmo fôlego, nem mesmo *As Asas de um Anjo*, que a censura da época (mesmo que Alencar fosse um membro oficial do Conservatório) proíbe como obra imoral. Só no último de seus dramas, *O Jesuíta*, há momentos intensos e o quadro da vida colonial toma algum relevo histórico; mas a mecanicidade do enredo sufoca a verdade da intuição.

Nobres tentativas de drama histórico nacional, ou "moderno", isto é, visando a interpretar dos conflitos mais evidentes do mundo da época, foram feitas por Agrário de Menezes (1863-1934) e por Quintino Bocaiúva (1836-1912). Mas, ai de mim, a nobreza não é uma qualidade estética.

Machado de Assis

Talvez muitos leitores italianos ainda desconheçam que o escritor verdadeiramente universal do Brasil, em toda sua história até o presente momento, é Joaquim Maria Machado de Assis (1839-1908); o qual não é somente um dos pontos altos da literatura de língua portuguesa, como é também o único narrador sul-americano, cujos melhores escritos poderiam descansar tranquilamente na mesma estante onde guardamos Stendhal e Nievo, Gógol e Defoe, Merimée e Manzoni. Tais obras – *Dom Casmurro*, *Brás Cubas*, a fabulosa série de contos – contradizem a lenda da exuberância tropical da literatura a qual pertencem, por seu característico estilo enxuto, sua lucidez, sua ironia, seu pessimismo racionalista; e pulam de uma vez os três estilos (romântico, parnasiano, naturalista) da poesia e da prosa que se sucederam no Brasil durante a longa vida do escritor: estilos, é desnecessário dizer, emprestados do exemplo francês. Mesmo assim, é nos textos considerados menores – poesia, ensaios, teatro – de Machado de Assis que se dá sua participação, sempre destacada e sempre crítica, às ideologias literárias de seu tempo. De modo que seus primeiros romances são francamente românticos, enquanto os últimos não disfarçam uma veia naturalista; e seus versos participaram ao mesmo tempo do formalismo gélido do parnasianismo e do cientificismo da cultura positivista; o teatro, então, reflete aquele clima lúdico, de entretenimento perpétuo, da mais refinada sociedade cosmopolita do Rio de Janeiro, nas décadas de transição entre os dois séculos. Neste caso também, como no caso de Gonçalves Dias, a crítica se livrou das comédias, alegando que faltaria a Machado uma verdadeira vocação teatral; mas neste caso também é jus responder que, se

Machado não produziu mais e melhor teatro, isso se deve ao baixo nível das artes cênicas e dos hábitos teatrais do seu tempo, que não mereciam um Machado de Assis, como não se mostraram dignos de um Gonçalves Dias. Com esta diferença: que, se o poeta maranhense conseguiu, em um sonho juvenil, fora do ambiente oficial das letras e longe da vida teatral, escrever uma obra-prima dramática, a *Leonor,* Machado, que viveu no meio da realidade social e cultural de seu tempo, delas sendo, inclusive, um importante representante, não se permitiu tal instante de ilusão criativa, por isso voltou seu interesse para gêneros em que pudesse agir com absoluta liberdade. Em consequência não temos, dele, nenhuma obra-prima dramática, mas pequenas provas, amostras, exercícios. Porém, no que diz respeito à ausência de talento teatral de Machado, me deem licença para duvidar. Se em Gonçalves Dias bastam os poemas, com cenas, tiradas, monólogos e denúncias para garantir o espírito dramático, em Machado basta o diálogo dos romances: ou melhor, sua tendência para resolver no diálogo os momentos cruciais, lançando mão justamente das falas para lapidar suas personagens. E mais, o ritmo, a montagem dos contos como se fossem roteiros de cinema. De resto, as comédias em si, mesmo que escassas, falam alto; e, para mim, especialmente uma: o curtíssimo ato único que se chama *Lição de Botânica* e que é, no gênero do "provérbio", um legítimo Musset.

Machado de Assis foi também (assim como Alencar e tantos outros) censor do Conservatório; mas seus pareceres, agora publicados[14], decepcionam pelo seu conformismo com a moral vigente, embora se manifeste neles o seu atento gosto literário. De resto, foi o mesmo Machado a denunciar a decadência da instituição; a qual lhe parecia retrógrada e

14. Os pareceres de Machado foram publicados pela *Revista do Livro*, Rio de Janeiro, n. 1-2, jun. 1956, Instituto Nacional do Livro. E mais recentemente reunidos por João Roberto Faria (org.), *Machado de Assis: Do Teatro*: *Textos Críticos e Escritos Diversos*, São Paulo: Perspectiva, 2008 (Coleção Textos). Ver também <http://www.dominiopublico.gov.br/download/texto/bn000155.pdf>.

equivocada. O volume que recolhe seus comentários de cronista dramático é uma revelação: ao acompanhar, dia após dia, os mínimos esforços de independência ou dignidade daquele medíocre teatro, o seu encorajamento paciente, e suas críticas, que não desencorajavam ou desmoralizavam os artistas, são provas de grande amor e grande esperança. Amor pelo teatro, que o chamava e seduzia, mas cujo verdadeiro rosto não reconhecia na produção da época; esperança de ver surgir um mercado teatral ao qual escritores como ele poderiam se aproximar sem perder a dignidade. O panorama do teatro nacional e de seus problemas, que abre a antologia crítica, apresenta perspectivas curiosamente atuais: prefigurando um teatro de Estado e indicando um caminho de inspiração nacional-popular, Machado dá mais uma prova de seu realismo.

Recentemente, Sábato Magaldi proclamou que Machado foi um grande crítico teatral; não há como discordar. Nem tão feliz me parece a ideia do encenador Ziembinski, de ressuscitar, entre as comédias de Machado, um ato único, *O Protocolo*, onde o pano de fundo dos salões e diversões da sociedade não é redimido pela humanidade e pelo estilo, como acontece em *Lição de Botânica*; ao contrário, aqui Machado se satisfaz com menos e reduz o diálogo a uma rebuscada procura de aforismos, à frase preciosista, que antecipa o pior formalismo linguístico e cênico de um Coelho Neto.

Arthur Azevedo e Outros

O terceiro período catalogado por Silvio Romero compreende as décadas entre 1870 e 1900. Estamos em plena fase "industrial", ainda que esta venha a culminar somente nos anos de 1910-1930. O teatro prospera, é já um ponto de encontro da sociedade urbana, conta com suas profissões bem definidas e remuneradas, com suas "panelinhas" e organização publicitária. Prospera e decai: os empresários vão cada vez mais ao encontro de um público sem valores culturais ou gosto; e os refinados, quando não podem viajar, contentam-se em bater palmas para as companhias estrangeiras que visitam o Rio de vez em quando, de escrever artigos sobre a fabulosa Europa e o "atraso" da pobre pátria. O teatro de revista e as operetas substituem paulatinamente a ópera e a comédia na apreciação geral; o drama continua a sobreviver nas margens. É a situação descrita por Arthur Azevedo em sua carta cínico-desconsolada que citamos no capítulo anterior.

Antes de abordar Arthur Azevedo, que é um pouco o protagonista deste período, devemos fazer menção de alguns autores que, de diversas maneiras, tentaram adaptar o realismo tradicional de Martins Pena às novas exigências de gosto, embora sem grandes resultados: do baiano Pinto Pacca (1831-1876) ao cearense Oliveira Sobrinho (1844--1897); do pernambucano Domingos Olímpio (1850-1906) ao fluminense Oscar Guanabarino (1851-1918), que foi o último seguidor da *comédie larmoyante*; o paulista José Piza (1869-1910) que alternou dramas vagamente naturalistas com comédias sem pretensão, a maioria escrita em colaboração com Arthur Guimarães (1871-1931).

Um nível acima, por legítimo dom cômico e um instinto teatral de intuições singulares, temos a obra de França Júnior (1838-1890), o qual – na história da comédia de costumes – representa o segundo autor "profissional" do teatro, depois de Martins Pena e antes de Arthur Azevedo. Mas permanece inferior a ambos, por uma espécie de falta de fôlego, de fragmentação da estrutura, que o levam a conceber suas comédias como longas sequências de esboços; defeito muito visível mesmo em seu trabalho mais pessoal, *As Doutoras*. A sátira à novíssima moda de mandar as filhas à escola e de iniciá-las à emancipação através do trabalho, é conduzida não com o amargo espírito reacionário de outros contemporâneos misóginos, mas com o descontraído bom-humor leviano de quem vê uma sociedade provinciana se disfarçar de progressista, sem ter criado a estrutura para tanto, e não se limita à graça do espetáculo. O primeiro ato, com os preparativos frenéticos para uma formatura, as tiradas democráticas do pai e o sentimentalismo secreto das moças, a chegada das amigas sufragistas ou declamadoras de versos, e o primeiro entrelace de alguns hilariantes equívocos, é uma pequena obra-prima, da qual venho aconselhando a representação como ato único, para poupar o espectador de hoje das oscilações e solavancos dos outros três. O segundo ato (a doutora às voltas com seus clientes homens), de repente descamba da sátira para a esquete de revista, muitas vezes de gosto duvidoso; os outros dois desenvolvem sofrivelmente as tramas dos equívocos e dos remorsos, ainda que neles se movam, por vezes, alguns "tipos" vivos e alguns achados de qualidade. A mesma irregularidade se repete na menos benevolente e mais aguda sátira política de *Como se Faz um Deputado*, ou na mundana *De Petrópolis a Paris*; e o quarto ato de *Direito por Linhas Tortas* introduz de repente, na ambientação doméstica da ação, um grande quadro de multidão em praça pública que acaba com a economia da comédia, mas que é muito válido em si, podendo ser comparado ao primeiro ato de *Nost Milan*, de Bertolazzi[15]; quase que uma variante dramática da alegre festança copiada da realidade por Martins Pena no final de *A Família e a Festa na Roça*.

Com sua eficiente atenção ao mundo contemporâneo, França Júnior antecipa o sucessor Arthur Azevedo (1855--1908) na dupla função de astuto e cético autor de esquetes e comediógrafo social de maior ambição. Mas Arthur, uma vez exibida a primeira habilidade nas páginas efêmeras de suas cem peças de revistas, mostrou-se em seguida bem mais rigoroso e original nas poucas comédias das quais realmente se ocupou.

Da grande riqueza do autor de teatro de revistas, já falamos. É jus agora observar que, mesmo neste âmbito, ele

15. Autor do movimento "verista" italiano (1870-1916), muito apreciado no segundo pós-guerra pela inspiração nacional-popular de suas obras, especialmente *El nost Milan*, escrito em dialeto milanês e encenado pela primeira vez em 1893. A montagem de 1954 dirigida por Giorgio Strehler marcou a identidade do Piccolo Teatro no panorama da cena moderna italiana.

foi capaz de inserir, em antologias e operetas, momentos de comicidade sátira que vão além do mero pretexto ocasional, pelo frescor de um "tipo" ou pelo ritmo do diálogo; e que ao menos uma de suas comédias musicais merece ser lembrada como texto, pela vivacidade da matéria e pela agilidade da construção: *A Capital Federal*, saboroso retrato da *belle époque* carioca. Aqui, e em mais duas famosas burletas, *O Mambembe* e *O Cordão*, o conhecimento da cidade, com seus costumes e suas manias, de seu lado pitoresco, lembra Martins Pena; mas é um Martins Pena mais amargo, ainda que perpasse a superfície das coisas e se esforce em ser inconsequente para deixar o seu público alegre. Aqueles atores mambembes não são sempre alegres; e no cordão carnavalesco há um leve, mas sensível eco daquele fatalismo triste da miséria que é o outro lado do grande saturnal carioca. A nota amarga, por vezes cínica, ressoa com força nos seus textos mais livres de imposições comercias e mais elaborados: especialmente em *Almanjarra*, em *Vida e Morte*, em *O Oráculo*, mas sobretudo em *O Dote*, que é seu melhor texto em prosa, e em *Joia*, que é seu mais sutil trabalho em versos. O tema fundamental é, em ambos os casos, a tirania do dinheiro, a sua capacidade de deformar os sentimentos; e apesar do estilo francamente caricatural ou patético e adocicado, o tom certo é de reprimenda, de indignação ou do mais severo pessimismo. Arthur Azevedo não gosta do mundo em que vive, nem do sucesso com que este mundo recebe seus versos, seus contos, seus jornais, seus roteiros de revista, suas adaptações, toda sua enorme atividade de polígrafo. No fundo, sente-se incapacitado; e, como não tem a força da solidão, vinga-se em público, zombando por dentro da sociedade à qual pertence e da qual é um representante oficial. A grande cena do agiota em *O Dote* (e o tocante início do terceiro ato, nos morros de Santa Teresa, com toda a magia noturna do Rio de fundo e o diálogo com o velho negro) ou o moralismo afiado, agressivo, de *A Joia*, são a prova do que poderia ter sido, e chegou a ser em parte, este leitor fanático de Molière e Beaumarchais (traduzidos em prosa e em verso por ele, que valorizava estas versões mais do que seus próprios textos): um verdadeiro comediógrafo social, atento à secreta desintegração de um mundo.

(Arthur era irmão de Aluísio Azevedo, o primeiro e mais característico romancista do naturalismo brasileiro; cujas experiências na arte dramática, colaborando com o irmão e com Emilio Rouède, não produziram resultados convincentes.)

Ares de Simbolismo

Uma reação ao desgaste linguístico da comédia de costumes e à crueza do naturalismo, uma reação "idealista", como se dizia na época do bom Bourger[16], foi capitaneada no Brasil por Coelho Neto (1864-1934), o qual chegou a ser uma espécie de D'Annunzio brasileiro, pela influência que seu gosto exerceu sobre três décadas de vida cultural nacional. Grande conhecedor da língua, levado por natureza ao estilo precioso e enfático, este fecundo escritor que se autodenominava "o último Heleno", representa perfeitamente o tom literário parisiense da alta burguesia da República em um tempo de especial prosperidade; cujo frenesi de desprovincianização e renegação das raízes nacionais e populares era, afinal, a mais clara evidência de um fundamental provincianismo. Coelho Neto tendia para o absoluto, para o universal; que se encerrava em fórmulas proverbiais, nas frases brilhantes e engenhosas, no adocicado com uma lágrima ao fundo. É um escritor de paletó e monóculo, um escritor de cartola; foi ele o alvo principal da onda dos "modernistas" de 1922. Estes só tinham olhos para o futurismo, para Apollinaire, para o cubismo; no entanto, reivindicavam para a literatura nacional o direito de ser indígena e cafona. Não pouparam o pobre Coelho Neto, que era uma glória e um monumento nacional, de todo tipo de piada; tanto que hoje se reage àquela polêmica tentando uma cautelosa reabilitação de seu trabalho. (É claro

16. Bourger (1852-1935), célebre crítico francês.

que alguns romances mereciam melhor sorte). No teatro, Coelho Neto produziu uma série opulenta de dramalhões onde, em molduras dignas do menos inventivo Sardou, mete-se a disparar proclamações dignas do pior Sem Benelli; este último, ao menos, vestia os seus bonecos à moda medieval ou como se participassem da corte dos Médici, na renascença florentina, enquanto as personagens de Coelho Neto esvoaçam seus fraques e *toilettes* pelos salões de seu tempo. Aparecem curvados sob o peso de suas crises de consciência; mas na verdade sucumbem ao peso do imenso vocabulário a que o autor os condenou. Melhores, se bem que marcadas pelo fraseado enjoativo, são as comédias; uma em especial: *O Quebranto*. Que é um vasto relance sobre a decadência moral de certas famílias abastadas, caídas em desgraça e forçadas a viver de expedientes, em razão de sua inaptidão para o trabalho. Josino e sua prima, com o pobre seringueiro Fortuna, que eles procuram engabelar em um verdadeiro "golpe matrimonial", são personagens bem traçadas, verossímeis; a festa do segundo ato é uma bela versão literária do "daguerreótipo" da atualidade; tudo contribui para fazer de *O Quebranto* uma espécie *Come le foglie* (Como as Folhas)[17] brasileiro. Só dá vontade de traduzi-la para a língua cotidiana...

A reação "idealista" (que, com exceção de Coelho Neto, não atingiu o grande público e permaneceu, no mais, confinada ao exercício literário) continua com poetas da época simbolista; que no teatro não conseguem alcançar o sucesso obtido na poesia. Alguns são francamente ilegíveis nos dias de hoje: os pequenos dramas verborrágicos de Goulart de Andrade (1881-1936) ou certas tentativas de Cláudio de Sousa (1876-1954) que, mesmo não sendo poeta nem simbolista, chegou a tocar, em algumas de suas inúmeras tentativas, uma corda crepuscular (*Flores de Sombra*), no rasto de Maeterlinck.

Os representantes mais ilustres desta corrente são, sem dúvida, Paulo Gonçalves (1897-1927) e Roberto Gomes

17. Comédia de Giuseppe Giacosa (1847-1906) que alcançou enorme sucesso na *belle époque* italiana.

(1882-1922). O primeiro, paulista de Santos, deixou alguns dramas em verso, o melhor dos quais sempre me pareceu a jamais encenada *Núpcias de D. João Tenório*, versão bastante excêntrica da história do *Burlador de Sevilha*; e dois consagrados dramas em prosa: *A Comédia do Coração* e *As Mulheres Não Querem Almas*. O primeiro é um importante oratório alegórico, com personagens como a Luxúria, a Inveja etc.; enquanto o segundo é a história de um misterioso Homem Mascarado que flerta, padece e morre em uma noite de carnaval, e que na verdade é uma espécie de boneco falante, um Pinóquio adulto; ao leitor italiano vem rapidamente à cabeça o teatro de Cavacchioli[18].

Mais interessante, e bem dotado para a cena, foi Roberto Gomes, cuja *Berenice*, uma história violenta de um amor senil, lembra um pouco o Henry Bataille de *Maman Colibri*; cruezas e delicadeza se alternam com um gosto talvez demasiado mórbido, mas em volta de uma formidável personagem feminina. Menos felizes são os textos declaradamente simbolistas de Gomes, onde o formalismo ao modo de Coelho Neto assume o controle e reduz tudo a palavra, pior, a som (como no insuportável ato único *Sonho de uma Noite de Luar*). Entretanto, há poucos anos, uma brevíssima comédia realista e "coral", encontrada e publicada postumamente, deu oportunidade de verificar a justa medida do talento do autor: *A Casa Fechada*, obra sem enredo, de tom quase tchekhoviano, que parte de um quadro de gênero e acaba por criar uma atmosfera de tensa e insolúvel angústia.

Esses dois escritores infelizes (ambos se suicidaram) são a encarnação da luta desesperada de um frágil mas nobre "teatro de poesia" contra o ordinário desleixo dos "felizes" que mantinham o domínio, na fase da mais intensa industrialização e de maior prosperidade econômica do teatro brasileiro: a época dos grande empresários, dos atores-divos, da dourada mediocridade.

18. Enrico Cavacchioli (1855-1954), comediógrafo italiano próximo ao movimento futurista, célebre por seus libretos.

Foi de fato, principalmente, um reinado dos atores. Se examinarmos a produção corrente das décadas de 1910 a 1930 (especialmente de 1920 a 1930: a fase mais próspera), é fácil perceber que as comédias são todas feitas sob medida. Pode-se apontar, no primeiro relance, a obra destinada a Leopoldo Fróis ou a Itália Fausta, a Procópio Ferreira ou a Dulcina de Morais. Todas as comédias respeitam os quadros e os papéis fixos dos elencos: um número quase sempre igual de personagens, com a inevitável ingênua, os necessários velhões, os empregados, os espirituosos; e uma obediência praticamente total às indicações dos empresários: "recomenda-se um único cenário". Este ambiente fixo é quase sempre a sala de estar, o *living* de uma família burguesa. Certos tipos tradicionais da comédia de costumes (o português bigodudo, a empregadinha negra, a sogra) codificam-se e se cristalizam através da habilidade e dos encantos de personagens célebres.

Os autores que citaremos são representativos da época, mas ao mesmo tempo, por serem os melhores, são aqueles que de vez em quando conseguem se libertar de seus limites históricos: ou por uma obediência mais engenhosa ao cânone comum, ou por alguma ruptura de tímida rebelião. Dois continuadores ortodoxos da tradicional "comédia de costumes" são Gastão Tojeiro (1880-1965)[19], que não mais repetiu o sucesso da ingênua e rústica fábula *Onde Canta o Sabiá* (é um verso de Gonçalves Dias: o sabiá é o rouxinol dos trópicos), e Viriato Correia (1884-1967) que, ao contrário, tem tido uma carreira bem-sucedida até hoje, se bem que com menos brilho. Correia é um homem de cultura tipicamente oitocentista e é, ainda, um bom autor de livros infantis. Escreve para o teatro desde 1915: comédias provinciais ou caipiras; comédias "cariocas" e dramas históricos. As

19. O registro foi completado com as datas de falecimento sucessivas a 1960, quando Jacobbi o compila.

primeiras (*Juriti*, *À Sombra dos Laranjais*) são certamente as mais notáveis, embora frequentemente se afoguem no sentimentalismo. No gênero da sátira da cidade, seguindo os passos de Martins Pena, França Júnior e Arthur Azevedo, mas com uma viva atenção às modificações introduzidas na sociedade pela vida moderna, o autor que talvez chegou mais longe de todos foi Armando Gonzaga (1889-1954), ao qual, infelizmente, o excesso de *métier*, a repetição mecânica dos efeitos e a ânsia de permanecer na moda impediram de levar adiante a veia realista e documental de sua primeira e melhor fase criativa (*O Ministro do Supremo*, *O Tio Salvador* e a deliciosa *Cala a Boca, Etelvina*). Gonzaga é, para a década do estilo *à la garçonne* e do *charleston*, o que Arthur Azevedo representou para a *belle* époque.

Aproxima-se de um tom de delicadeza psicológica quase intimista, nessa mesma época, Oduvaldo Vianna (1892-1972), logo sequestrado pelo teatro da direção de cinema e da atividade radiofônica. O gênero tradicional, com variantes "modernas", continua aparecendo até hoje, bem superficialmente, no trabalho de Luis Iglesias (1905--1963). Dois gaúchos se destacaram, sendo o primeiro na década de 30 e o segundo durante a Segunda Guerra Mundial. Trata-se de Abadie Faria Rosa (1889-1945), que durante o Estado Novo chegou a ser um quase-ditador da cena nacional (como autor, porém, vale pouco), e de Ernani Fornari (1899-1964), que é bem mais interessante. A sua evocação do século XIX mais provinciano (*Iaiá Boneca* e *Sinhá Moça Chorou*, esta última com os feitos de Garibaldi no Rio Grande como pano de fundo) tem uma fineza indiscutível, um cheiro um pouco *fâné*, porém autêntico. Suas tentativas no drama moderno, a partir de pressupostos psicológicos interessantes, na maioria das vezes encalham num conformismo moralista. Fornari poderia ter rendido bem mais em uma civilização teatral mais evoluída e que lhe oferecesse maior estímulo.

Deveria insistir com esta mesma observação no que diz respeito a dois vigorosos talentos estragados pela precipitação, pela facilidade, pela mesquinha exigência do mercado: Joracy Camargo (1898-1973) e Raimundo Magalhães Junior (1907-1981), que resumem os prós e contras desta fase do teatro brasileiro. Joracy Camargo estreou em 1925 e logo se tornou o autor predileto do mais popular intérprete da época: Procópio Ferreira. Talvez o fato de trabalhar de modo personalizado para o ator e sua empresa resultou em uma limitação para a obra de Joracy; por outro lado, deve a isso um sucesso de proporções gigantescas, que se espraiou para fora do Brasil, com a comédia *Deus lhe Pague*, história bastante inverossímil de um mendigo milionário, que não se faz de rogado em exibir sua filosofia entre radical e anárquica, que pareceu o cúmulo do não conformismo aos espectadores de 1932, quase uma encenação da revolta democrática de 1930 e do espírito rebelde difundido por todo o país pela epopeia de Luiz Carlos Prestes. Pela primeira vez se falava de comunismo no palco e se convidava o público a não ter medo do bicho-papão. As situações e os tipos da comédia são inconsistentes; mas as falas do protagonista são realmente irresistíveis em sua simplicidade: Procópio as incutiu na mente de uma geração, transformando-as em outros tantos provérbios. Estas tiradas, tão avessas a qualquer norma teatral, acabam valendo, cenicamente, muito mais do que a "teatralidade" das cenas dramáticas da peça, uma das quais (a loucura de uma jovem) é especialmente ruim. Todas as outras comédias que Joracy escreveu para Procópio (*O Bobo do Rei*, *O Neto de Deus*, *Maria Cachuda*, *O Sábio*, *O Burro*) repousam sobre a mesma discutível estrutura: um tema polêmico, um *raisonneur* central, uma série de manequins falantes e semoventes ao redor. Melhor, muito melhor, quando Joracy inventa os seus temas dramáticos com certa liberdade, do já remoto e sentimental *Amigo de Família,* ao elétrico e tenso *Anjo da Meia-Noite*, e ainda às suas mais recentes tentativas, uma das quais (*Bonita Demais*) talvez seja sua melhor obra de dramaturgia, pela audácia de certos pontos de vista psicológicos, embora comprometidos por efeitos melodramáticos. Nos últimos anos, Joracy abandonou o teatro, sentindo-se descartado ou incompreendido pela nova geração.

A mesma irreverência de fundo, o mesmo desejo de fazer a sátira da sociedade industrial e o mesmo conformismo de expressão, de linguagem teatral, encontram-se em todas as comédias de costume de Raimundo Magalhães Junior (*O Homem que Fica*, *O Testa-de-Ferro*, *Essa Moça é Minha* e a mais fina e divertida, *Trio em Lá Menor*). Mais engajados, escritos com mais cuidado, são as obras de fundo histórico, em uma das quais, *O Imperador Galante* – resgatando a vida de d. Pedro I –, a compreensão do passado nacional é feita com visível orgulho patriótico, mas ao mesmo tempo com desenvolto espírito crítico, como se fosse uma crônica de família, uma vivência sem as paixões dos bastidores da história, à qual não é estranha a influência das soluções análogas presentes na obra de Shaw. A última comédia de Magalhães Júnior até hoje encenada é uma graciosíssima farsa, *A Canção Dentro do Pão*, também com um fundo histórico, já que se passa em uma padaria no dia da tomada da Bastilha. Mais recentemente, Magalhães Junior se dedicou a estudar história e literatura; devemos a ele, entre outros, um trabalho que reivindica o espírito democrático de Machado de Assis, e a publicação de diversos volumes de contos inéditos deste mesmo autor; além de um precioso ensaio sobre Arthur Azevedo e o seu tempo.

Embora muitos dos textos dos autores que citamos sejam posteriores à década de 1930 ou mesmo a de 1940, é evidente que os acontecimentos de 30 põem um fim ao bem-bom de autores e atores, dando espaço, com a reviravolta política, para novas inquietações e novas buscas; as quais, a partir dos anos de 1940, cristalizam-se nas diversas formas da *renovação*. Os primeiros esforços podem ser verificados, na dramaturgia, nos textos de Renato Vianna (1894-1954), de Álvaro Moreyra (1888--1964) e de Maria Jacintha (1906-1994), que de certo modo persistem na oposição "literária" dos autores simbolistas ao teatro comercial. Mas a *renovação* será antes de tudo uma mudança de horizontes, uma saída violenta do teatro dos círculos fechados do Rio; enfim, uma renovação do espetáculo; apenas em um momento posterior chegará a afetar a dramaturgia. Isso também explica a distância que mantiveram do teatro, no período citado, os grandes renovadores das letras; com a única exceção de Oswald de Andrade (1890-1954) e seus bizarros experimentos de teatro surrealista.

Os Primeiros Renovadores

O grito de independência da nova dramaturgia se deu em 1943, com a encenação de *Vestido de Noiva*, de Nelson Rodrigues (1912-1980). Drama construído em diversos "planos" (da realidade, da memória, do inconsciente), desenrola-se toda na mente de uma mulher em agonia; e a vida mesquinha da pequena burguesia do Rio de Janeiro se confunde com imagens, com sonhos monstruosos, com ecos da vida externa, isto é, toda a pressão massiva exercida pelos jornais, programas de rádio e projeções cinematográficas. A novidade técnica é mais vistosa do que substancial, mas nela o drama se resgata de seu conteúdo, que é um pouco esquemático e seco; entretanto, a melhor qualidade deste drama francamente expressionista está no diálogo, onde a "fala" cotidiana volta a prevalecer, derrotando para sempre a convencional "língua teatral" dos autores tratados no capítulo anterior, por vezes semelhante a uma tradução do francês. A gíria, a exclamação, o insulto, as elipses, em uma língua brasileira que não é mais o português, chegam ao teatro com Nelson Rodrigues, vinte anos depois de, com Mário de Andrade, haver chegado à poesia. Esta qualidade, já presente no primeiro trabalho do autor, *A Mulher sem Pecado*, atinge um máximo de crueza realista em sua melhor obra, *A Falecida*, onde a capacidade de lidar com temas desagradáveis e de dizer coisas até mesmo repugnantes, típica de Nelson Rodrigues, encontra uma justificativa moral e estética na veracidade das personagens e no fundo violento, obsessivo, da vida moderna na cidade. Macroscopicamente escandalosas, de uma tendência psicanalítica mal digerida, e muitas vezes marcadas por uma confusa influência de O'Neill, são as obras mais ambiciosas do autor, onde ele tende a criar verdadeiros mitos da crueldade e do sexo: *Anjo Negro*, *Doroteia*, *Álbum de Família*, *A Senhora dos Afogados*, etc.

Temática similar, pela morbidez e pelo clima decadente, pode-se atribuir à obra dramática de um romancista perturbado e muitas vezes genial, Lúcio Cardoso (1912-1968), do qual citaremos *A Corda de Prata*, sombrio drama strindberguiano, e o ambiciosamente lírico *O Filho Pródigo*, destinado a uma companhia de atores negros. Ainda nesta linha encontramos, mas com mais precisão formal e com menos verbosidade abstrata, Agostinho Olavo (1918-1988), cujo melhor trabalho é ainda o primeiro, *Mensagem sem Rumo*, com um clima oitocentista e romanesco que lembra Anouilh. Todos esses autores tenderam a temáticas "universais" e à linguagem cosmopolita; o Brasil é substancialmente ausente; a sensibilidade ainda é romântico--simbolista mesmo que camuflada de século XX. O mais popular deles, embora menos disciplinado do ponto de vista literário – ou talvez por causa disso –, é Pedro Bloch, (1914-2004) que, com seu drama de uma única personagem, *As Mãos de Eurídice*, deu a volta ao mundo. Não há dúvida, porém, que o melhor desses dramaturgos "literatos", pelo refinamento formal, do equilíbrio cênico, e de um dom de ironia que o mantém distante da morbidade e da agitação dos outros, é Guilherme Figueiredo (1915-1997). Quem escreve encenou, em 1948, sua primeira comédia, *Lady Godiva*, graciosa e um pouco frívola parábola sobre os relacionamentos entre homem e mulher na sociedade atual; naquela época, ninguém poderia prever que Guilherme Figueiredo (que é também narrador e crítico musical) se tornaria em poucos anos um dos autores prediletos do público da União Soviética e das repúblicas populares, incluindo a China, e – ao mesmo tempo – a "besta fera" da nova crítica brasileira. É evidente que a elegância um pouco preciosa dos seus aforismos, as suas referências a temas típicos da parábola (Anfitrião, Esopo, Lisístrata, Sócrates, Don Juan) parecem ser o cúmulo da abstração e do anacronismo diante do desejo de realismo, de organicidade histórica e de linguagem popular do novo teatro. Todavia, o sucesso do escritor junto ao público popular e aos críticos realistas, em países socialistas, deveria fazer pensar com mais cuidado; e é mais que provável que, uma vez passado o furor da polêmica, o esforço digno do escritor receba uma atenção, digamos, redimensionada. E, mesmo no Brasil, o grande público foi conquistado por ao menos dois de seus textos: *A Raposa e as Uvas*, alegoria sobre o tema da liberdade das ideias que deu a Sérgio Cardoso a chance de criar uma personagem inesquecível, o escravo deformado Esopo, autor das famosas fábulas; e *Um Deus Dormiu Lá em Casa*, divertida reelaboração da história de Anfitrião já tratada por Plauto e por Molière. Irrita, às vezes, o tom declamatório de certas conclusões morais, as tiradas virtuosas mais do âmbito do ensaio que da arte dramática, nas quais não passa despercebida a influência de G. B. Shaw, assim como na estrutura é visível o modelo de Giraudoux. Mas os temas, atualíssimos, atingem de perto a nossa consciência, mesmo que apenas através da transposição mítica. Pessoalmente, prefiro outros trabalhos de Guilherme, como *Don Juan*, história muito delicada da libertação do Burlador de Sevilha de seu próprio mito, que acabou se tornando uma máscara opressora, da mesma forma que ao "Qualcuno"[20] de Pirandello.

Com ambições sociológicas e moralistas, Edgard da Rocha Miranda busca se aproximar da vida moderna em *Não Sou Eu, Para Onde a Terra Cresce, E o Noroeste Soprou*,

20. Referência a *Quando si è qualcuno* (Quando se é Alguém), peça em três atos, de 1932, que apresenta o drama de um homem idoso, poeta consagrado com a alcunha de Qualcuno, que luta para permanecer vivo mesmo sufocado pela velhice que fez dele "alguém", aprisionando-o em uma máscara pré-constituída.

máquinas complicadas e até demasiado eficientes, seguindo à risca os modelos do *play-writing* norte-americano. Muito mais importante, apesar de suas oscilações, é o teatro do talentoso Abílio Pereira de Almeida (1906-1977), que muitas vezes, com sua análise agressiva da vida da alta sociedade de São Paulo, causou sensação ou escândalo barato; por outro lado, em todas as suas obras, emerge uma descoberta efetiva da realidade brasileira que faz com que justamente ele – considerado um autor "comercial" – seja de fato o primeiro realista, e constitua-se como o elo entre aquela fase e a mais recente. Entre os seus grandes sucessos de bilheteria, devemos citar ao menos *Santa Marta Fabril S.A.*, história cíclica de uma família tradicional de São Paulo, atravessando quatro gerações; *Rua São Luis, 27/8*, áspera revelação das relações entre pais e filhos e dos hábitos sexuais da juventude moderna; *O Comício*, farsa política; mas sem esquecer que, entre tais produções e suas primeiras peças, caracterizadas por comédias mais ligeiras (*A Mulher do Próximo*, *Pif-Paf*), há um drama corretamente considerado por Décio Almeida Prado como o único experimento rigorosamente naturalista do teatro brasileiro, com os limites, portanto, do gênero, mas com uma precisão de ambiente e linguagem, com uma densidade de personagens absolutamente excepcional: *Paiol Velho*, história da passagem de um antigo feudo agrícola da classe dos fazendeiros àquela dos arrendatários, filhos de imigrantes europeus. Também relacionada à vida dos grã-finos de São Paulo é a dramaturgia inquieta e psicanalítica de Clô Prado (*A Porta*, *Diálogo de Surdos*); mas a interessante autora perde um pouco de tom e de valor quando se dedica à comédia ligeira.

Propriamente no humor, na leveza dinâmica e volúvel da invenção satírica, do paradoxo, do *nonsense*, move-se, por sua vez a produção dos comediógrafos cariocas (já o vimos com Guilherme Figueiredo), quase a sublinhar a diferença entre Rio e São Paulo, entre a *dolce vita* parasitária e aquela que reflete o ritmo de uma impiedosa sociedade industrial. Humorista profissional, o mais popular de todos no jornalismo e na literatura, é Millôr Fernandes (1923--2012), mais conhecido pelo pseudônimo de Vão Gôgo; um espírito *à la* Thurber, *à la* Steinberg, *à la* Manzoni, na sua definição quase surrealista da condição do homem no Rio (*homo copacabanensis*) com suas grotescas contradições; ele recentemente apareceu no panorama teatral com trabalhos interessantes (*Uma Mulher em Três Atos*, *Do Tamanho de um Defunto*), mas que são apenas esperança por provas mais persuasivas no futuro. Ao contrário, parece a caminho de esgotar seu primeiro ciclo de fertilidade criativa o autor, ator e diretor Silveira Sampaio (1914-1964), que foi o melhor cronista satírico, quase diário, da vida carioca nos anos de 1948 a 1955, ou seja, do fim do governo Dutra à chegada de Kubitschek. Indescritível é a graça de seu humorismo, quase ausente nas páginas, porque é toda confiada aos seus gestos de ator, ao seu talento de inventor de performances de câmara, aquilo que poderíamos chamar do seu especialíssimo "jornalismo cênico". Com três ou quatro personagens, às vezes limitando-se ao monólogo, Sampaio chega a ser uma espécie de Guitry[21] do pós-guerra, um Guitry brasileiro e inconscientemente existencialista; com uma amargura tocante no fundo de seu aparente cinismo, que faz de suas fábulas cômicas uma enésima, e muito original, variante da comédia de costumes criada por Martins Pena, tradição do teatro carioca. Brilhantes são os seus *Flagrantes do Rio*, entre os quais se destaca o ato único *Triângulo Escaleno;* também vale citar as comédias em três atos que compõem a "trilogia do herói grotesco" (*A Inconveniência de Ser Esposa*, *Da Necessidade de Ser Polígamo*, *A Garçonière de Meu Marido*) e a transparente sátira política de *Sua Excelência em 26 Poses*.

Ao movimento carioca devemos ainda incluir Henrique Pongetti (1899-1979) e Antônio Callado (1917-1997),

21. Sacha Guitry (1885-1957), ator francês, autor de mais de cem comédias dotadas de um agudo senso de observação e diretor de 33 filmes.

excelentes escritores em diversos gêneros literários, que realizaram ousadas excursões pelo palco.

O Momento Presente

Talvez a primeira amostra de uma dramaturgia tipicamente nacional, com base na temática da miscigenação das raças, da luta de classes, das contradições religiosas e sociais, veio do Nordeste, do estado de Pernambuco, através de escritores apaixonados pela paisagem, pelo folclore e a vida no campo, ainda que muitas vezes vítimas de um "poético" *à la* Lorca, de molde livresco; são estes Hermilo Borba Filho, Temístocles Soares, Isaac Gondim Filho (aos quais junta-se agora o jovem Aldomar Conrado). Todo este movimento pernambucano – incitado pela riquíssima atividade de teatro experimental em todo o estado, mas especialmente na cidade de Recife – culmina, como veremos, na obra importante e original de Ariano Suassuna.

Mas é ainda sem dúvida em São Paulo (sob o impulso de um movimento cultural e de espetáculo mais evoluído do que em qualquer outro lugar) que a nova dramaturgia teve a sua evolução mais singular, a tendência que caracteriza a fase atual. O repensar do realismo, sob o efeito de diversas influências (de Tchékhov a Miller, de Williams a Brecht) e, principalmente, a reflexão sobre a perspectiva social do teatro como espelho de um povo e de sua história interior, determinam a rica floração de novas dramaturgias "paulistas". Entre os autores, o posto mais alto é, sem dúvida, de Jorge Andrade (1922-1984), que se distinguiu com um angustiado drama de ambiente bancário, *As Colunas do Templo*, ainda sem montagem (em 1960), e conquistou o sucesso de repente, com *A Moratória*. Este felicíssimo drama intimista, talvez o melhor texto brasileiro contemporâneo, não era mais que a segunda parte de uma trilogia, hoje toda representada e que, portanto, é melhor descrever na ordem cronológica. Começa com *A Pedreira das Almas*, evocação épica de uma revolta constitucionalista em Minas Gerais no século XIX: fase afirmativa do capitalismo brasileiro, que, portanto, já rejeitou o mundo mítico, situado num passado absoluto; disso advém a estrutura de oratório trágico dada à obra, com solenes grupos estáticos, personagens feito estátuas, coro em versos e músicas populares. Continua com *A Moratória*, já citada, que dá as cores da crise daquela mesma classe de proprietários, quando os senhores do café se reduzem a semiproletários nos subúrbios da grande cidade industrial, São Paulo; e, portanto, o tom é resignado, realista, esmigalhado pelas grandes pausas onde o tempo passa em vão e onde se deposita a ansiedade da segurança passada, da natureza virgem e próspera deixada para trás para sempre, do obscuro amanhã, da incompreensibilidade de um mundo a que parece impossível se adaptar. E conclui secamente com o ato único *O Telescópio*, onde se mostram os últimos descendentes de famílias já ilustres, lançados no "vitalismo" burguês de nosso tempo, fragmentados até no íntimo de sua psique, esquecidos dos valores que um dia serviram a seus pais como ponto de referência para os julgamentos e para a ação.

Ao contrário dos jovens neorrealistas, Jorge Andrade não é um homem de esquerda, em seus dramas é muito evidente a nostalgia do mundo que não existe mais, da sua unidade ética e da esperança de uma nova unidade em um mundo futuro. Isto é evidente em seu texto mais recente, ainda não representado: *Vereda da Salvação*[22], história apavorante (baseada em um episódio real) de alienação religiosa de um grupo de negros do interior que, na esperança de escapar à miséria e alcançar o esplendor da Terra Prometida, levam seu fanatismo até os mais horripilantes sacrifícios humanos.

22. Jacobbi anota em 1960 que o texto ainda não foi representado. De fato, estreou em 1964 com direção de Antunes Filho no Teatro Brasileiro de Comédia e foi também a última montagem da lendária casa de espetáculos paulista.

O neorrealismo, marcadamente marxista, aparece em variantes sensivelmente diversas, mas com um clima bastante comum, nos escritores revelados pelo Teatro de Arena e pelo anexo Seminário de Dramaturgia, instituições que se constituíram um pouco como os correspondentes brasileiros e modernos daquilo que foi para os Estados Unidos, nos anos de 1930, o Group Theatre. Explicitamente socialista é Gianfrancesco Guarnieri, com seus dois dramas sobre a vida nas favelas do Rio de Janeiro, *Eles Não Usam Black-Tie* e *Gimba*, este último trazendo uma cor romântica ao herói-delinquente como figura lendária; e também Oduvaldo Vianna Filho, com *Chapetuba* F.C., uma dolorosa e crua história do mundo esportivo. O terceiro autor do grupo, Roberto Freire, prefere soluções no âmbito do socialismo cristão, mas é o menos talentoso do ponto de vista dramático. Edy Lima explora uma veia cômico-popularesca. O inspirador e teórico do Seminário, além de encenador (ao lado do diretor artístico do Teatro de Arena, José Renato) de muitos de seus espetáculos, Augusto Boal, revela um fundo mais cético e irônico em sua agressividade revolucionária; nele, o realismo cede às estruturas brechtianas, pelo menos em sua forma externa, como na recentíssima *Revolução na América do Sul*[23].

A presença do neorrealismo não exclui tentativas de dramaturgia "literária"; como se vê nos poemas dramáticos de dois entre os melhores líricos brasileiros de hoje (*Orfeu da Conceição*, de Vinícius de Moraes; *Dido e Eneias*, de J. P. Moreira da Fonseca) ou nos dramas em prosa de um forte narrador e ensaísta gaúcho, Paulo Hecker Filho. Na mesma tendência podem ser apreciados os trabalhos dramáticos do autor destas páginas (*Do Outro Lado do Rio*, em prosa; *Ifigênia*, em versos). Recentemente, Dias Gomes alcançou uma feliz fusão entre "neorrealista" e "literário" no seu *O*

23. Jacobbi traduz *Revolução* em 1960, para ser publicada na revista Ridotto e, em 1962, no volume *Teatro Uno*, (Torino: Einaudi), bem antes que no Brasil (*Teatro de Augusto Boal*, v. 1, São Paulo: Hucitec, 1986).

Pagador de Promessas[24]. Mas acima de toda essa galáxia – e quantos não ficaram de fora – certamente está a obra de Ariano Suassuna (1920).

A sua comédia *O Auto da Compadecida* tem surpreendido e comovido o público de todo o Brasil pelo frescor da fala pernambucana, pela verdade humana e, ao mesmo tempo, lendária do espírito matuto, pelo estilo da invenção cênica (emprestada de exemplos medievais, revividos através do cancioneiro folclórico) mas, sobretudo, pelo espírito católico-revolucionário, tão próximo das duas matrizes da alma brasileira moderna: uma inesgotável religiosidade e uma violenta tomada de consciência do progresso democrático. Suassuna é católico, mas se todos os católicos fossem como Suassuna, não haveria nem Franco nem Salazar no mundo e em nenhum país se discutiria tanto sobre uma abertura à esquerda. Sua postura política lembra aquela dos franceses de *Esprit* e, no Brasil, do poeta Murilo Mendes. Baste dizer que no *Auto* (que se imagina apresentado em um circo miserável) os mais severamente condenados e punidos – pelo autor, mas através da boca de um Cristo de pele negra, com Maria, a Compadecida, sentada ao seu lado direito – são justamente um bispo e um padre. O *Auto*, sem ser nenhuma obra-prima, é um trabalho de rara unidade e continuidade, em seus incertos limites entre o literário e o folclórico; o humor combina-se à poesia com bela naturalidade. As duas comédias sucessivas de Suassuna repetem a fórmula, de modo um pouco desgastado. Mas, dele, evidentemente, assim como de Jorge Andrade e da turma de São Paulo, espera-se muito. O que, com razão, torna a crítica exigente.

24. Texto de 1960, montado pelo TBC no mesmo ano. Jacobbi traduz e publica a obra, em 1966, para uma transmissão radiofônica e sucessivamente encena o texto, em 1973, na escadaria da Igreja de San Miniato, em Florença, com o titulo *Il pellegrino del Nordest.*

V. UMA CULTURA TEATRAL

Nós definimos a fase mais recente da história do teatro brasileiro como "fase cultural". De fato o teatro não só ocupou um espaço extraordinário na cidadania, como gerou em seu seio aquele emaranhado de tendências críticas, de problemas e de polêmicas, de instituições didáticas e de divulgação, que são o mais belo sinal de sua vitalidade.

Isso se insere no fenômeno do desenvolvimento cultural do Brasil em geral: considerando os gigantescos recursos fornecidos pelo governo às universidades, às instituições científicas e de pesquisa, aos museus de arte moderna, às orquestras sinfônicas, à Bienal de São Paulo, à Cinemateca, dirigida por Paulo Emilio Sales Gomes etc.

No campo do teatro, destaca-se em primeiro lugar a crítica como veículo de incentivo cultural: por vezes demasiado polêmica e febrilmente atrelada à ideia do novo visto como "juvenil" por antonomásia, mas também dotada de um rigor e uma sutileza rara a qualquer meridiano. Em primeiro lugar, o paulista Décio de Almeida Prado, com a sua precisão, elegância, clareza: ninguém lhe é superior quanto à educação do gosto e à influência que tem exercido sobre a renovação cênica moderna. A seu lado, Sábato Magaldi contrapõe à preocupação estética exclusiva, um vivo interesse histórico pelos aspectos éticos e sociais do teatro. Entre os mais jovens, é jus citar Paulo Francis, Henrique Oscar, Bárbara Heliodora; entre os representantes da geração anterior, pelo menos Gustavo Dória e Renato Vieira de Melo.

Em seguida, vêm as atividades formativas. A escola mais viva, mais moderna, a que realmente tem contribuído para a renovação dos quadros e para a formação de uma consciência teatral, é a Escola de Arte Dramática de São Paulo, fruto dos esforços de Alfredo Mesquita. Não podemos esquecer as escolas oficiais do Rio: o Conservatório do Serviço Nacional do Teatro, a Escola Dramática Martins Pena do município do Rio de Janeiro. Recentemente, a atriz Dulcina de Morais constituiu a Fundação Brasileira de Teatro que oferece cursos de arte dramática e de cultura teatral. O acontecimento mais auspicioso, entretanto, é a introdução de cursos de teatro na grade universitária: dentro das faculdades de Letras ou de Filosofia, ou anexos aos institutos de Belas Artes ou, ainda, diretamente às Reitorias. Surgiram em Porto Alegre[1], em Belo Horizonte, em Recife; entretanto, a mais rica e, atualmente, mais organizada, é a da Bahia, liderada por Martim Gonçalves.

Em seguida, vem o movimento dos amadores que, especialmente nas pequenas cidades e nos estados menores, mantem sua função essencial, de garantia da continuidade da vida teatral, que de outra forma se reduziria às ocasionais temporadas das companhias profissionais. Dos estudantes, já falamos; muitíssimos outros grupos funcionam por todo o país. Lembraremos, no Rio, do Tablado, dirigido por Maria Clara Machado; e o fato de que só em Porto Alegre funciona

1. Jacobbi é responsável pela fundação da primeira Escola de Teatro dentro de uma universidade pública no Brasil – em 1957, na Faculdade de Filosofia da UFRGS, em Porto Alegre.

uma meia dúzia de grupos rivais: e ainda que, em São Paulo, realiza-se, anualmente, um festival do teatro amador do estado.

Finalmente, há os livros. Até 1956, bem poucos livros haviam sido publicados sobre teatro no Brasil; mas, naquele ano, Décio Almeida Prado lançou *Apresentação do Teatro Moderno Brasileiro*, e eu, *A Expressão Dramática*; *Lições*, de João Caetano foram reimpressas e este foi só o começo de uma atividade editorial mais intensa. O Ministério da Educação relançou diversos clássicos do teatro nacional; o Instituto Nacional do Livro publicou uma edição crítica das obras de Martins Pena e um volume de estatística histórica, de João Galante de Souza. Daí para frente, diversas coleções teatrais apareceram no mercado, por meio de editoras como Martins, Civilização Brasileira e Agir. O decano dos críticos, Mário Nunes, vem publicando as suas crônicas em uma série, sob o título geral de *Quarenta Anos de Teatro*[2].

A qualidade das traduções – grosseiras no tempo da inflação dos Verneuil[3] e dos Niccodemi[4] e mesmo depois – melhorou de forma sensível: basta citar os nomes de Guilherme de Almeida (do francês e do grego antigo), de Brutus Pedreira e de Mário da Silva (do italiano e do francês), de Genolino Amado (do inglês), de Manuel Bandeira (do inglês e do alemão) etc.

Têm tido pouco sucesso, até agora, as revistas teatrais: as duas lançadas em São Paulo, *Teatro Brasileiro* (editada por Alfredo Mesquita e Sábato Magaldi) e uma *Revista de Estudos Teatrais* (editada pela Federação Paulista de Amadores) duraram apenas poucos números.

Finalmente, deveríamos mencionar a intervenção do Estado. Durante o Estado Novo – quando Getúlio Vargas,

2. O primeiro volume saiu em 1956, pelo Serviço Nacional de Teatro, sendo quatro volumes no total.

3. Louis Jacques Marie Collin du Bocage, mais conhecido como Luis Verneuil (1893-1952), ator e dramaturgo francês cuja produção (mais de sessentao comédias de ambiente burguês) fez grande sucesso na Broadway.

4. Dario Niccodemi (1874-1934), dramaturgo italiano de tons sentimentais e ambientação burguesa, titular de companhia, cujo repertório fez enorme sucesso na Itália e foi adaptado para as primeiras produções de cinema falado.

de presidente eleito constitucionalmente tornou-se ditador (1937), como que da água para o vinho – foi promulgada uma lei bem generosa e genérica, que nunca foi aplicada. Foi instituído então, e ainda existe, o Serviço Nacional de Teatro, ligado ao Ministério da Educação; suas intervenções, porém, sob o comando de diferentes diretores nomeados de cima para baixo, sempre deram origem a severas críticas, mesmo que tenha distribuído verbas, publicado livros e revistas e ainda organizado companhias oficiais. Há pouco tempo, adquiriu um teatro, e há temores de que continuará com sua postura de "panelinha" de um grupinho de profissionais do teatro; ou de que irá limitar-se, como tem feito, a atividades de simples divulgação, sem alcance e sem sal, de textos nacionais antigos e modernos. Para que o Serviço se livre desta atmosfera de academicismo e de trocas de favores políticos, o caminho seria transformá-lo em um verdadeiro centro para o teatro popular.

Mais animada e atualizada é a atividade dos governos dos estados e das prefeituras. Recordamos o "plano de apoio ao teatro" que o governo de São Paulo confiou a uma comissão de artistas e pessoas realmente competentes, e que provou ser uma valiosa ferramenta para combater a crise econômica nas artes e na cultura. Nem podemos esquecer a sólida organização, capaz de ações enérgicas, da SBAT (Sociedade Brasileira de Autores), fundada em 1917.

Para concluir, vou lembrar, a título simbólico, um fato pessoal. Recentemente, tenho me divertido ao escrever um romance ambientado no Brasil. Bem, as minhas personagens vão muito ao teatro, discutem o teatro, fazem paralelos entre as recordações de suas vidas e os eventos teatrais. Se eu tivesse escrito um romance ambientado na Itália atual, uma coisa similar jamais me viria à cabeça. Esse é o melhor elogio que eu posso fazer ao jovem teatro no Brasil; e é o resultado espontâneo de uma verdade que não admite discussão: este teatro, com todos os seus defeitos, pertence radicalmente ao processo democrático, à ação de autolibertação de um povo.

APÊNDICE

*Apontamentos Bibliográficos**

Entre as obras de interesse geral sobre a história do teatro brasileiro, ou da literatura dramática, devemos mencionar pelo menos as seguintes obras:

ALMEIDA PRADO, Décio de. A Evolução da Literatura Dramática. In: COUTINHO, Afrânio (org.). *A Literatura no Brasil.* v. 2. Rio de Janeiro: Sul-Americana, 1955 (2. ed., v. 6, parte terceira, Rio de Janeiro: Sul-Americana, 1971).

BORBA FILHO, Hermilo. O Teatro Brasileiro. In: DUARTE, Oto Carlos Bandeira, *História do Teatro.* Rio de Janeiro: Minerva, 1951, p. 413-424.

CORREIA, Viriato. Origens e Desenvolvimento do Teatro Brasileiro. *Jornal do Comércio*, Rio de Janeiro, 27 jun. 1954.

FLEIUSS, Max. *O Teatro no Brasil.* Publicado em 1922. Reimpresso em 1930 com outros ensaios históricos. Reproduzido em *Dyonisos*, Rio de Janeiro, fev. 1955.

* Pelo valor histórico em relação ao texto de Jacobbi, mantivemos a bibliografia utilizada tal como aparece no original, sem atualizá-la nem expandi-la, apenas reordenando as entradas por ordem alfabética (N. da E.).

GALANTE DE SOUZA, José. *O Teatro no Brasil*. 2 v. Com iconografia. Rio de Janeiro: MEC-Instituto Nacional do Livro, 1960.
MARINHO, Henrique. *O Teatro Brasileiro*. Paris/Rio de Janeiro: [s.n], 1904.
MENDONÇA, Carlos Sussekind de. *História do Teatro Brasileiro*. Rio de Janeiro: Mendonça, 1926.
PAIXÃO, Múcio da. *O Teatro no Brasil*. Rio de Janeiro: Brasília,1936.
ROMERO, Silvio. *História da Literatura Brasileira*. Rio de Janeiro: [s.n.], 1888 (2. ed., Rio de Janeiro: [s.n.], 1937).
SILVA, Lafayette. *História do Teatro Brasileiro*. Rio de Janeiro: Ministério da Educação,1938.
VERISSIMO, José. *História da Literatura Brasileira*. Rio de Janeiro: Francisco Alves, 1916 (O Teatro e a Literatura Dramática, p. 373-387).

Sobre o período das origens do teatro brasileiro, ver:

ACADEMIA BRASILEIRA DE LETRAS (org.). *Cartas Jesuíticas*. 2 v. Rio de Janeiro: Academia Brasileira de Letras, 1931.
CARVALHO, Armando de. A Literatura Jesuítica. In: COUTINHO, Afrânio (org.). *A Literatura no Brasil*. v. I. Rio de Janeiro: Sul-Americana, 1955.
HOLLANDA Sérgio Buarque de. Teatro Jesuítico. *Diário Carioca*, 23 set. 1951.
LEITE, Serafim. *História da Companhia de Jesus no Brasil*. Lisboa: Portugália, 1938.
MORAIS FILHO, Melo. O Teatro de Anchieta. *Arquivo do Distrito Federal*, Rio de Janeiro, jan. 1897.
VASCONCELOS, Simão de. *Vida do Venerável Padre José de Anchieta*. Rio de Janeiro: Imprensa Nacional, 1943.

Sobre o período posterior, chegando ao nosso século:

CÉSAR, Guilhermino. *História da Literatura no Rio Grande do Sul*. Porto Alegre: Globo, 1956.
DAMASCENO, Athos. *Palco, Salão e Picadeiro em Porto Alegre no Século XIX*. Porto Alegre: Globo, 1956.
FORNARI, Ernani. "Martins Pena". In: *Província de São Pedro*, mar./jun. 1948.
JACOBBI, Ruggero. *Goethe, Schiller, Gonçalves Dias*. Porto Alegre: Edições da Faculdade de Filosofia 1958.
MAGALHÃES JUNIOR, R. *Arthur Azevedo e Sua Época*, São Paulo: Martins, 1955.
MELO MORAIS, Alexandre. *João Caetano, Estudo de Individualidade*. Rio de Janeiro: Laemmert, 1903.
PASSOS, Alexandre. *Agrário de Menezes e o Romantismo*. Rio de Janeiro: Irmãos Pongetti, 1956.

Sobre o teatro contemporâneo, ver:

ALMEIDA PRADO, Décio de. *Apresentação do Teatro Brasileiro Moderno.* São Paulo: Martins, 1956 (São Paulo: Perspectiva, 2001).
CRUZ, Osmar Rodrigues. Origem da Renovação do Teatro Brasileiro. *Revista Brasiliense*, nov./dez., 1956.
JACOBBI, Ruggero. *A Expressão Dramática*. Rio de Janeiro: Instituto Nacional do Livro, 1956.
MESQUITA, Alfredo. *Notas para a História do Teatro em São Paulo*. São Paulo: Empresa Grágica da Rev. dos Tribunais, 1951.
TOMÉ, Alfredo. *Leopoldo Fróis e o Teatro Brasileiro*. Rio de Janeiro: José Olympio, 1942.

Outras fontes de pesquisa são as coleções das revistas *Dyonisos*, *Teatro Brasileiro*, *Revista de Estudos Teatrais*, e do boletim mensal da SBAT, agora com o título *Revista de Teatro.*

Em italiano, não podemos citar muita coisa[1]. Pode-se recordar da *Piccola storia della letteratura brasiliana,* de Ronald de Carvalho, Firenze: 1930; e os verbetes redigidos pelo autor deste volume, na *Enciclopédia dello spettacolo*, especialmente os dedicados aos Comediantes, Gonçalves Dias, Rio de Janeiro, São Paulo, e também dois artigos de Fernando Peixoto em *Il dramma* (mar. 1959; abr. 1960).

1. Atualmente, a bibliografia italiana sobre o tema é muito mais extensa. Citaremos ao menos: Cacciaglia, Mario, *Storia bibliografica del teatro brasiliano*, Assisi (PG): Porziuncola, 1993. Do mesmo autor, ver *Quattro secoli di teatro in Brasile*, Roma: Bulzoni, 1980.

Finazzi-Agrò, E.; Pincherle, M.C., *La cultura cannibale,* Roma: Meltemi, 1999.

Olinto, A., *Storia della letteratura brasiliana*, Milano: Jaca Book, 1993.

Stegano Picchio, L., *Storia della letteratura brasiliana*, Torino: Einaudi, 1997.

Marotti, F. (org.), Il teatro brasiliano: studi e ricerche, *Rivista biblioteca teatrale,* n. *83-84*, lug.-dic. *2007*. Bulzoni.

Vannucci, A. (org.), Le compagnie viaggianti, *Rivista letterature d'America*, Brasiliana, n. 97, 2003. Università La Sapienza.

Citaremos também as pesquisas publicadas por Alessandra Vannucci sobre atores e diretores viajantes entre Itália e Brasil (1860-1970) em volumes, como *Un baritono ai tropici* (Reggio Emilia: Diabasis, 2008) e em diversos ensaios dedicados a Adelaide Ristori, Eleonora Duse, Ernesto Rossi, Pirandello, Adolfo Celi, Gianni Ratto e o próprio Jacobbi. No que diz respeito à literatura dramática, algumas peças traduzidas por Jacobbi foram recolhidas no citado *Brasile in scena*, Roma: Bulzoni, 2004.

JOSÉ DE ALENCAR

(José Martiniano de Alencar). Nascido em Macejana (Ceará) no ano de 1829, falecido no Rio de Janeiro em 1877. Romancista, crítico e dramaturgo. Textos dramáticos: *O Demônio Familiar* (1857), *Verso e Reverso* (1857), *O Crédito* (1857), *As Asas de um Anjo* (1860), *Mãe* (1862), *A Expiação* (1868), *O Jesuíta* (1875); escreveu também libretos de ópera.

JOSÉ DE ANCHIETA

Nascido em Laguna (Canárias) no ano de 1534, falecido na vila de Reritiba, hoje Cidade de Anchieta (Espírito Santo), em 1597. Jesuíta desde 1551, no Brasil desde 1553. Textos dramáticos: *Auto da Pregação Universal* (1567-70), *Auto da Crisma* (1578), *Na Festa de Natal* (atrib., 1584?), *Auto de São Lourenço* (1586), *Auto da Vila da Vitória, ou de São Maurício* (1586), *Diálogo de Guaraparim* (1587), *Auto de Santa Ursula* (?), *Auto da Visitação* (1598).

JORGE ANDRADE

(Aluísio Jorge Andrade Franco). Nascido em Barretos (São Paulo) no ano de 1922. Obras dramáticas: *O Faqueiro de Prata* (1954), *O Telescópio* (1954), *A Moratória* (1955), *Pedreira das Almas* (1958), *Vereda da Salvação* (1959).

OSWALD DE ANDRADE

(José Oswald de Sousa Andrade). Nascido e falecido na cidade de São Paulo, 1890-1954. Poeta, romancista, ensaísta e dramaturgo. Textos dramáticos: *O Homem e o Cavalo* (1934), *A Morta* (1937), *O Rei da Vela* (1937).

ALUÍSIO AZEVEDO

(Aluísio Tancredo Gonçalves de Azevedo). Nascido em S. Luís (Maranhão) no ano de 1857, falecido na cidade de Buenos Aires em 1913. Romancista, pintor, caricaturista, comediógrafo. Textos dramáticos: *Os Doidos* (com seu irmão Arthur, 1879), *Casa de Orates* (com Arthur, 1882), *O Mulato* (1884), *Filomena Borges* (1884), *Venenos que Curam* (com Emílio Rouède, 1885), *O Caboclo* (com Emílio Rouède, 1885), *Os Sonhadores* (1887). *Um Caso de Adultério* (com Emílio Rouède, 1890), *Em Flagrante* (com Emílio Rouède, 1890), *Fluxo e Refluxo* (1905); escreveu também libretos de ópera e revistas.

ARTHUR AZEVEDO
(Arthur Nabantino Gonçalves de Azevedo). Nascido na cidade de São Luís do Maranhão em 1855, falecido no Rio de Janeiro em 1908. Poeta, romancista e comediógrafo. Textos dramáticos: *Amor por Anexins* (1872), *Uma Véspera de Reis* (1875), *A Pele do Lobo* (1877), *A Joia* (1879), *O Liberato* (1881), *Um Cavalheiro Particular* (1882), *A Mascote na Roça* (1882), *O Anjo da Vingança* (com Urbano Duarte, 1882), *Casa de Orastes* (com Aluísio, 1882), *Uma Noite em Claro* (1884), *O Escravocrata* (com Urbano Duarte, 1884), *A Almanjarra* (1888), *Entre o Vermute e a Sopa* (1895), *O Badejo* (1898), *Uma Consulta* (1901), *O Retrato a Óleo* (1902), *O Mambembe* (com José Pisa, 1904), *O Genro de Muitas Sogras* (com Moreira Sampaio, 1906), *O Dote* (1907), *O Oráculo* (1907), *Entre a Missa e o Almoço* (1907), *O Cordão* (1908), *Vida e Morte* (1908); um grandíssimo número de libretos de ópera, traduções, textos e revistas, incluindo *A Capital Federal* (1897).

BARATA RIBEIRO
(Cândido Barata Ribeiro). Nascido na cidade de Salvador (Bahia) em 1843, falecido no Rio de Janeiro em 1910. Médico, político e escritor. Textos dramáticos: *O Segredo do Lar* (1881), *O Soldado Brasileiro* (com Ubaldino do Amaral), *O Divórcio*, *A Mucama*, *O Anjo do Lar*, *Mulheres que Morrem*.

PEDRO BLOCH
Nascido na Ucrânia em 1914, vive no Brasil desde 1917, tornando-se cidadão brasileiro, falecido no Rio de Janeiro, em 2004. Médico e comediógrafo. Textos dramáticos: *O Grande Alexandre* (com Roberto Ruiz, 1948), *A Camisola do Anjo* (com Darcy Evangelista), *Um Cravo na Lapela* (1951), *As Mãos de Eurydice* (1951), *Morre um Gato na China* (1952), *Irene* (1953), *Os Inimigos Não Mandam Flores* (1952), *A Mancha* (1952), *Esta Noite Choveu Prata* (1954), *A Xícara do Imperador* (1955), *Dona Xepa* (1955), *Mulher de Briga* (1956), *Leonora* (1957), *Um Anão Chora Baixinho*.

AUGUSTO BOAL
Nascido na cidade do Rio de Janeiro em 1930, falecido no Rio de Janeiro, em 2009. Autor, crítico e diretor. Textos dramáticos: *Sortilégio* (1952), *Marido Magro, Mulher Chata* (1956), *Revolução na América do Sul* (1960).

QUINTINO BOCAIÚVA
(Quintino Antonio Ferreira de Sousa). Nascido no Rio de Janeiro, em 1836, falecido na mesma cidade em 1912. Jornalista, político, crítico e dramaturgo. Textos dramáticos: *Onfália* (1860), *Os Mineiros da Desgraça* (1861), *A Família* (1866), etc. Diversas obras perdidas.

HERMILO BORBA FILHO
Nascido na cidade do Recife. Autor, crítico, dramaturgo e diretor. Autor de um livro de história do teatro. Textos dramáticos: *João sem Terra* (1952), *A Barca de Ouro* (1953), *Auto da Mula de Padre* (1955), *A Dama das Camélias* (1956), *O Vento do Mundo* (1957).

BURGAIN, PAI
(Luiz Antônio Burgain). Nascido em Le Havre no ano de 1812, falecido no Rio de Janeiro em 1877. Professor, poeta e dramaturgo. Textos dramáticos: *O Remendão de Smirna, ou um Dia de Soberania* (1839), *Glória e Infortúnio, ou a Morte de Camões* (1841), *Fernandes Vieira ou Pernambuco Libertado* (1843), *A Última Assembléia dos Condes Livres* (1845), *Pedro Sem, que Já Teve e Agora Não Tem* (1847), *Luiz de Camões* (1849), *O Mosteiro de Santo Lago* (1860), *O Amor de um Padre, ou a Inquisição de Roma* (?), *O Barbeiro Inoportuno* (?), *O Vaticínio, A Quinta das Lágrimas, A Casa Maldita ou a Mocidade de Dom Alfonso VI, A Castra Romântica, O Noivo Distraído ou uma Cena da Torre de Nesle*, bem como traduções e libretos.

BURGAIN, FILHO
(José Julio Augusto Burgain). Nascido em 1842, falecido no Rio de Janeiro. Professor e escritor. Textos dramáticos: *Santa Helena ou a Morte de Napoleão, O Roubador de Crianças, O Segredo de uma Fidalga, Os Apuros de uma Cozinheira.*

ANTÔNIO CALLADO
Nascido no Rio de Janeiro em 1917, falecido na mesma cidade em 1997. Jornalista, romancista e comediógrafo. Textos dramáticos: *A Cidade Assassinada* (1954), *Frankel* (1954), *O Colar de Coral* (1956), *Pedro Mico* (1957).

CASTRO ALVES
(Antônio Frederico de Castro Alves). Nascido na cidade de Cabeceiras (Bahia) em 1847, falecido em Salvador (Bahia), em 1871. Textos

dramáticos: *Gonzaga ou a Revolução de Minas* (1867), *D. Juan ou a Prole dos Saturnos* (incompleto).

JORACY CAMARGO

(Joracy Schafflor Camargo). Nascido na cidade do Rio de Janeiro em 1898, falecido na mesma cidade em 1973. Autor de um livro sobre teatro soviético e de conferências e artigos sobre o teatro brasileiro. Ator por um breve período de sua carreira. Textos dramáticos: *O Macaco Azul* (1927), *Santinha do Pau Ôco* (1927), *De Quem é a Vez* (1928), *O Irresistível Roberto* (1928), *Menina dos Olhos* (1928), *O Amigo da Família* (1929), *Bazar de Brinquedos* (1929), *Chauffeur* (1929), *Mania de Grandeza* (1929), *Tenho uma Raiva de Você* (1929), *O Bobo do Rei* (1930), *O Sol e a Lua* (1930), *A Velha Guarda* (1930), *Boneco de Trapo* (1931), *Meu Soldadinho* (1931), *Uma Semana de Prazer* (1931), *Anastácio* (1932), *O Anjo da Meia Noite* (1932), *Deus lhe Pague* (1932), *O Neto de Deus* (1932), *O Burro* (1933), *O Homem que Voltou da Posteridade* (1933), *Maktub* (1933), *Maria Cachucha* (1933), *O Sábio* (1933), *Em Nome da Lei* (1934), *A Máquina Infernal* (1935), *Fora da Vida* (1938), *Mocidade* (1938), *Sindicato dos Mendigos* (1939), *A Pupila dos Meus Olhos* (1940), *Bonita Demais* (1943), *Mocinha* (1943), *Nós, as Mulheres* (1943), *A Encruzilhada* (1944), *Lili do 47* (1945), *Bagaço* (1946), *A Figueira do Inferno* (1954), *A Santa Madre* (1954).

VICENTE CATALANO

Autor contemporâneo, nascido em São Paulo. Texto: *O Professor de Astúcias* (1951), *Lexy* (1959).

COELHO NETO

(Henrique Maximiliano Coelho Neto). Nascido na cidade de Caxias (Maranhão) em 1864, falecido no Rio de Janeiro em 1934. Romancista, contista, poeta, crítico, ensaísta, tradutor, dramaturgo. Textos dramáticos: *Ironia* (1898), *As Estações* (1898), *Ao Luar* (1898), *Relicário* (1899), *Fim de Raça* (1900), *Pastoral* (1903), *A Muralha* (1905), *O Diabo no Corpo* (1905), *Quebranto* (1908), *Nuvem* (1908), *Bonança* (1909), *O Dinheiro* (1912), *O Intruso* (1915), *A Borboleta Negra* (1915), *Fogo De Vista* (1923), *O Desastre* (1928), *Neve ao Sol* (pub. 1907) e numerosos libretos de ópera, trabalhos para crianças, poesia dramática etc.

ALDOMAR CONRADO

Autor pernambucano muito jovem, autor de *O Livro de Davi* (pub. 1958) e *A Grade Solene* (repub. 1959).

VIRIATO CORREIA
Nascido na cidade de Pirapemas (Maranhão) em 1884. Jornalista, comediógrafo, político, escritor de livros para crianças, historiógrafo, contista, empresário. Textos dramáticos: *Sertaneja* (1915), *Manjerona* (1916), *Morena* (1917), *Sol do Sertão* (1918), *Juriti* (1919), *Sapequinha* (1920), *Nossa Gente* (1920), *Zuzú* (1924), *Uma Noite de Baile* (1926), *Pequetita* (1927), *Bombonzinho* (1931), *Sansão* (1932), *Maria* (1933), *Coisinha Boa* (1934), *Bicho Papão* (1936), *O Homem da Cabeça de Ouro* (1936), *Marquesa de Santos* (1938), *Carneiro de Batalhão* (1938), *O Caçador de Esmeraldas* (1940), *Rei de Papelão* (1941), *Tiradentes* (1941), *O Príncipe Encantador* (1943), *O Gato Comeu* (1943), *À Sombra dos Laranjais* (1944), *Pobre Diabo* (1944), *Estão Cantando as Cigarras* (1945), *Venha a Nós* (1946), *Dinheiro* é *Dinheiro* (1948), *E Desse Amor se Morre* (1952).

DOMINGOS OLÍMPIO
(Domingos Olímpio Braga Cavalcanti). Nascido na cidade de Sobral em 1850, falecido no Rio de Janeiro, em 1906. Jornalista, advogado, romancista, diplomata. Textos dramáticos: *A Perdição* (1874), *Júlia*, *Rochedos que Choram*, *Tântalo*, *A Túnica de Nexus*, *Os Maçons e o Bispo*.

ABADIE FARIA ROSA
(Alexandre Abadie Faria Rosa). Nascido na cidade de Pelotas (Rio Grande do Sul) em 1889, falecido no Rio de Janeiro, em 1945. Jornalista, advogado, presidente da Sociedade dos Autores e diretor do Serviço Nacional do Teatro. Textos dramáticos: *Nossa Terra* (1927), *Crepúsculo* (1941), *Longe dos Olhos* (1945) e muitos outros, incluindo *Sangue Gaúcho*, *Foi Ela que me Beijou*, *O Líder da Maioria*, traduções de comédias de Chiarelli, Fraccaroli, Lopez e outros.

GUILHERME FIGUEIREDO
(Guilherme de Oliveira Figueiredo). Nascido na cidade de Campinas (São Paulo) em 1915, falecido no Rio de Janeiro em 1997. Jornalista, narrador, crítico musical e ensaísta. Textos dramáticos: *Napoleão* (1941), *Lady Godiva* (1942, rep. 1948), *Greve Geral* (1948), *Pantomima Trágica* (1948), *Um Deus Dormiu Lá em Casa* (1949), *Don Juan* (1950), *A Raposa e as Uvas* (1952), *Retrato de Amélia* (1952), *Os Fantasmas* (1955), *A Matrona de Éfeso* (1956), *A Catedral de Pecados* (1958) e diversas traduções de Molière e G. B. Shaw, e um livro de diálogo sobre teatro: *Xântias* (1958).

ERNANI FORNARI

(Ernani Guaragua Fornari, de origem italiana). Nascido no estado do Rio Grande do Sul em 1899, falecido no Rio de Janeiro em 1964. Jornalista, desenhista, alto funcionário, contista e poeta. Textos dramáticos: *Nada* (1938), *Iaiá Boneca* (1939), *Sinhá Moça Chorou* (1941), *Quando se Vive Outra Vez* (1947), *Sem Rumo* (1951), *Veranico de Maio*, etc.; também é autor de um ensaio sobre Martins Pena.

FRANÇA JÚNIOR

(Joaquim da França Júnior). Nascido na cidade do Rio de Janeiro em 1838, falecido em Poços de Caldas (Minas Gerais) em 1890. Juiz e jornalista. Textos dramáticos: *A República Modelo* (1861), *Meia Hora de Cinismo* (1861), *Tipos da Atualidade* (1862), *Ingleses na Costa* (1864), *O Defeito de Família* (1870), *Direito por Linhas Tortas* (1870), *Amor com Amor se Paga* (1871), *O Tipo Brasileiro* (1872), *Entrei para o Club Jacome* (1877), *Caiu o Ministério* (1882), *Três Candidatos* (1882), *Um Carnaval no Rio de Janeiro* (1882), *Como se Fazia um Deputado* (1882), *Dois Proveitos em um Saco* (1884), *A Lotação dos Bondes* (1885), *As Doutoras* (1889), *Portugueses às Direitas* (1890), bem como diversos libretos e traduções.

FRANKLIN TÁVORA

(João Franklin da Silveira Távora). Nascido na cidade de Baturité (Ceará) em 1842 e falecido no Rio de Janeiro, em 1888. Alto funcionário do Império. Romancista, contista e crítico. Textos dramáticos: *Um Mistério de Família* (1861), *Três Lágrimas* (1870), *Quem Muito Abarca Pouco Abraça*; *Antônio*.

ROBERTO FREIRE

Autor contemporâneo, que tem sido apresentado em São Paulo com sua peça de ato único *Quarto de Empregada* (1958) e seu drama em três atos *Gente Como a Gente* (1959).

ROBERTO GOMES

Jornalista, músico, professor e dramaturgo. Estudou em Paris. Faleceu no Rio, suicida-se, em 1922. Textos dramáticos: *Ao Declinar do Dia* (1910), *O Canto sem Palavras* (1912), *A Bela Tarde* (1915), *Sonho de uma Noite de Luar* (1916), *O Jardim Silencioso* (1918), *Inocência* (reduz., 1921), *Berenice* (1923), *A Casa Fechada* (póstumo, 1947).

PAULO GONÇALVES

(Francisco de Paula Gonçalves). Nascido na cidade de Santos (São Paulo) em 1897, falecido na mesma cidade em 1927. Professor, poeta, jornalista. Textos dramáticos: *1830* (1923), *O Cofre*, *As Noivas*, *As Mulheres Não Querem Alma* (repr. de Leopoldo Fróis), *A Comédia do Coração*, *As Núpcias de Dom João*.

ISAAC GONDIM FILHO

Dramaturgo contemporâneo, nascido no Recife. É autor de *A Grande Estiagem* (1955) e *A Hora Marcada* (1938).

GONÇALVES DIAS

(Antônio Gonçalves Dias). Nascido na cidade de Jatobá, perto de Caxias (Maranhão) e falecido no naufrágio do navio *Ville de Boulogne*, em 1864. Biografia no texto. Textos dramáticos: *Patkull* (1843, mas o texto permaneceu póstumo até 1869, sem ser representado no teatro, somente na TV, em 1956, direção de R. Jacobbi); *Beatriz Cenci* (1844, mas publicado postumamente e nunca representado); *Leonor de Mendonça* (pub. 1847, encenado somente no século XX, pela primeira vez, com a direção de Paschoal Carlos Magno, com atores amadores. Em seguida, profissionalmente, a partir de 1954, nas direções de Celi, Ziembinski, Jacobbi e Rangel, no palco e na TV); *Boabdil* (prov. 1847).

GONÇALVES DE MAGALHÃES

(Domingos José Gonçalves de Magalhães, Visconde de Araguaia). Nascido no Rio de Janeiro em 1811, falecido em Roma, em 1882. Médico, diplomata, filósofo e poeta. Sobre a sua filosofia, ver Remo Fedi, *Realismo spiritualistico*, Milão: Bocca, 1938. Textos Dramáticos: *Antônio José, ou o Poeta e a Inquisição* (1838), *Oscar, o Filho de Ossian* (1838), *Olgiato* (1839) e traduções.

ARMANDO GONZAGA

(Armando Gonzaga da Silva). Nascido no Rio de Janeiro em 1889, falecido em Niterói no ano de 1954. Jornalista e comediógrafo. Textos dramáticos: *O Secretário de Sua Excelência* (1920), *O Ministro do Supremo* (1921), *A Flor dos Maridos* (1922), *O Amigo da Paz* (1922), *O Tio Salvador* (1922), *O Discípulo Amado* (1923), *Graças de Deus* (1923), *Cala a Boca, Etelvina* (1925), *O Livro do Homem* (1925), *Amanhã Tem Mayonnaise* (1926), *Ipanema-Tunel Novo* (1926), És Tu, Malaquias (1927), *Não Vi o Homem* (1927), *Balduíno Entrega os Pontos* (1928), *A Descoberta da América* (1928), *O Bernardo Derrapou* (1929), *O Homem de Fraque Preto* (1930), *A Vida é Assim* (1931), *A Patroa* (1933), *A Casa do Gonçalo* (1933), *Um Rapaz Teimoso* (1934), *Um Noivo do Outro Mundo* (1941), *O Troféu* (1942), *O Avanço do Sinal* (1942), *O Poder das Massas* (1945), *A Barbada* (1945), e muitos outros, além de traduções.

GOULART DE ANDRADE

(José Maria Goulart de Andrade). Nascido na cidade de Jaguará (Alagoas) em 1881, falecido no Rio de Janeiro em 1936. Poeta, jornalista, engenheiro. Textos dramáticos: *Depois da Morte*, *Renúncia*, *Sonata ao Luar*, *Jesús* (publicado em 1909), *Os Inconfidentes* (pub. 1910), *Numa Nuvem* (pub. s. d.), *Um Dia a Casa Cai* (1923).

OSCAR GUANABARINO

Nascido na cidade de Niterói em 1851, falecido no Rio de Janeiro, em 1918. Crítico musical. Textos dramáticos: *Perdão que Mata* (1917), *Aurora*, *O Senhor Vigário*, etc.

GIANFRANCESCO GUARNIERI

Nascido na cidade de Milão (Itália) em 1936, sendo trazido para o Brasil, com poucos meses de idade, pelo seu pai, maestro, e pela sua mãe, professora de harpa, falecido em São Paulo, em 2006. Em 1955 estreou como ator em um grupo de estudante. Como autor, escreveu *Eles Não Usam Black-Tie* (1958) e *Gimba* (1959).

ARTUR GUIMARÃES

(Artur Ferreira Machado Guimarães). Nascido no Rio de Janeiro em 1871 e falecido em Niterói no ano de 1931. Escreveu os dramas *Consciência que Acorda*, *A Greve dos Estudantes*, *Tem Estátua em Paris* e outros textos escritos em colaboração com José Pusa.

PAULO HECKER FILHO

Nascido na cidade de Porto Alegre (Rio Grande do Sul) em 1925, falecido na mesma cidade em 2005. Crítico e ensaísta, poeta e contista. Os seus textos dramáticos estão reunidos no volume *Teatro* editado pela Teatro Universitário, P. A. 1958. Porém somente as peças curtas, de um ato, são representadas, como por exemplo *O Provocador*, publicado separadamente em 1957.

MARIA JACINTHA

(Maria Jacintha Trovão da Costa Campos). Escritora contemporânea, nascida na cidade de Cantagalo, em 1906, falecida em Niterói, em 1994. Liderou, juntamente com Dulcina de Morais, o Teatro de Arte e traduziu *La figlia di Jorio* de D'Annunzio. Textos dramáticos: *Conflito* (1941), *Já é Manhã no Mar* (1947).

J. M. MACEDO

(Joaquim Manuel de Macedo). Nascido na cidade de Itaboraí (Rio de Janeiro) em 1820 e falecido no Rio de Janeiro em 1882. Professor, homem político, romancista, jornalista. Textos dramáticos: *O Cego* (1849), *O Fantasma Branco* (1851), *O Primo da Califórnia* (1855), *Cobé* (1859), *Amor e Pátria* (1859), *Luxo e Vaidade* (1860), *O Novo Otelo* (1863), *A Torre em Concurso* (1863), *Lusbela* (1863), *Romance de uma Velha* (1870), *Remissão de Pecados* (1870), *Cincinato Quebra-Louças* (1873), *Vingança por Vingança* (1877), *O Macaco da Vizinha* (atribuído posteriormente/postumamente, 1885).

MACHADO DE ASSIS

(Joaquim Maria Machado de Assis). Nascido no Rio de Janeiro em 1839, vindo a falecer na mesma cidade, em 1908. Romancista, contista, ensaísta, poeta, crítico literário e teatral. Textos dramáticos: *Desencantos* (1861), *O Caminho da Porta* (1862), *O Protocolo* (1863), *Quase Ministro* (1863), *Os Deuses de Casaca* (1866), *Antes da Missa* (1878), *Tu, Só Tu, Puro Amor* (1881), *Não Consultes Médico* (1896), *Lição de Botânica* (1908). Nestes últimos anos, é notável um certo retorno de interesse pelo trabalho realizado por Machado de Assis, reconhecido tanto pelos críticos (Joel Pontes, Sábato Magaldi, Ruggero Jacobbi), quanto pelos diretores teatrais (Ziembinski, J. M. Monteiro, Jacobbi, A. Mesquita).

RAIMUNDO MAGALHÃES JUNIOR

(Raimundo Magalhães Junior). Nascido na cidade de Ubajara (Ceará), em 1907, falecido no Rio de Janeiro, em 1981. Jornalista, contista, homem político, tradutor incansável, historiador e crítico. Textos dramáticos: *Mentirosa* (1937), *O Homem que Fica* (1938), *A Mulher que Todos Querem* (1938), *Um Judeu* (1939), *O Calcanhar de Aquiles* (1939), *Carlota Joaquina* (1939), *Casamento no Uruguay* (1939), *O Testa de Ferro* (1939), *Trio em Lá Menor* (1940), *Aventuras da Família Lero-Lero* (1944), *Vila Rica* (1944), *A Indesejável* (1945), *O Imperador Galante* (1946), *Essa Mulher É Minha* (1950), *Canção Dentro do Pão* (1953).

PASCHOAL CARLOS MAGNO

Nascido no Rio de Janeiro em 1906, falecido na mesma cidade em 1980. Diplomata, homem político, jornalista, poeta, crítico teatral. Textos dramáticos: *Pierrot* (1931), *Amanhã Será Diferente* (1945), *Seremos Sempre Crianças* (1947).

HELOÍSA MARANHÃO

Escritora contemporânea, nascida no Rio de Janeiro, em 1925. Textos dramáticos: *Paixão da Terra* (1956), *Negra Bá* (1959).

MARTINS PENA

(Luiz Carlos Martins Pena). Nascido no Rio de Janeiro em 1815, falecido na cidade de Lisboa em 1848. Textos dramáticos: *Um Sertanejo na Corte* (1833-1837), *Fernando ou o Cinto Acusador* (1837), *O Juiz de Paz na Roça* (1838), *Dom João de Lira ou o Repto* (1838), *Itaminda ou o Guerreiro de Tupã* (1839?), *D. Leonor Teles* (1839), *A Família e Festa na Roça* (1840), *O Judas em Sábado de Aleluia* (1844), *Os Irmãos das Almas* (1845), *Os Dois, ou o Inglês Maquinista* (1845), *O Diletante* (1845), *O Namorador ou a Noite de S. João* (1845), *Os Três Médicos* (1845), *O Cigano* (1845), *O Noviço* (1845), *Vitiza ou o Nero da Espanha* (1845), *O Caixeiro de Taverna* (1845), *Bolingbrok & Cia, ou as Casadas Solteiras* (1845), *Quem Casa Quer Casa* (1845), *O Usurário* (1846), *Os Meirinhos* (1846), *As Desgraças de uma Criança* (1846), *Comédia sem Título* (1847), *Drama sem Título* (1847).

AGRÁRIO DE MENEZES

(Agrário de Souza Menezes). Nascido no estado da Bahia em 1834, falecido na mesma região, em 1863. Advogado, homem político, administrador do Teatro São João. Textos dramáticos: *Matilde* (1854), *Calabar* (1858), *Os Miseráveis* (1863), *Bartolomeu de Gusmão*. Póstumos (1865): *O Dia da Independência, O Retrato do Rei, Uma Festa no Bonfim, Os Contribuintes, O Voto Livre, Primeiro Amor.*

ALFREDO MESQUITA

Nascido em São Paulo em 1907. Crítico, diretor, professor de dramaturgia. Textos dramáticos: *Os Priâmidas, Hefeman, Neblina, O Abrigo, Palavras Trocadas* etc.

ÁLVARO MOREYRA

(Álvaro Moreyra da Silva). Nascido na cidade de Porto Alegre (Rio Grande do Sul) em 1888, falecido no Rio de Janeiro em 1964. Poeta, jornalista, contista, memorialista. Textos dramáticos: *Adão, Eva e Outros Membros da Família* (1927), *Arco da Velha*, *Jardim sem Grades*; várias traduções, incluindo o livro *Sottopalco*, de A. G. Bragaglia.

AGOSTINHO OLAVO
Dramaturgo contemporâneo. Dirige, juntamente com Gustavo Dória, o Teatro de Câmara. Colaborador do Serviço Nacional do Teatro em várias oportunidades, como na Seção Internacional de Cenografia na Bienal de São Paulo. Textos dramáticos: *Mensagem sem Rumo* (1947), *O Homem do Sótão* (1951), *O Anjo* (1956).

OLIVEIRA SOBRINHO
(Francisco Antônio de Oliveira Sobrinho). Nascido na cidade de Baturité (Ceará) em 1844, falecido em Fortaleza no ano de 1897. Jornalista, homem político e romancista. Textos dramáticos: *O Escravo* (1870), *Júlia* (1875).

ABÍLIO PEREIRA DE ALMEIDA
Dramaturgo contemporâneo, nascido em São Paulo no ano de 1906, falecido na mesma cidade em 1977. Advogado, diretor cinematográfico, ator. Textos dramáticos: *A Mulher do Próximo* (1948), *Pif-Paf* (1949), *Paiol Velho* (1951), *Santa Maria Fabril S.A.* (1953), *Moral em Concordata* (1956), *O Comício* (1956), *Rua São Luiz, 27, 8º andar* (1957), *Dona Violante Miranda* (1958), *Alô-Alô 388-799* (1959).

PINHEIRO GUIMARÃES, PAI
(Francisco José Pinheiro Guimarães). Nascido no Rio de Janeiro em 1809, falecido na mesma cidade em 1857. Jornalista, poeta, tradutor. Textos dramáticos: *A Ciumenta* (1843), *O Brasileiro em Lisboa* (1844); numerosas traduções de dramas românticos europeus e de libretos de ópera.

PINHEIRO GUIMARÃES, FILHO
(Francisco Pinheiro Guimarães Filho). Nascido no Rio de Janeiro em 1832, falecido também no Rio, em 1877. Médico, militar, jornalista, crítico teatral. Textos dramáticos: *História de uma Moça Rica* (1861), *Punição* (1864); traduções de Schiller entre outros.

PINTO PACCA
(Augusto Pinto Pacca). Nascido na cidade de Salvador (Bahia) em 1840, falecendo na mesma cidade em 1876. Poeta e jornalista.

Textos dramáticos: *O Vício em Doutrina* (1862), *Assim é que Eles São* (1863), *Os Miseráveis* (1867). *Não Há Prós sem Percalços* (1870), *Os Últimos Momentos do Tirano Lopes* (1871) etc.

JOSÉ PIZA

(José Gabriel de Toledo Piza). Nascido na cidade de São Paulo em 1869, falecido na mesma cidade em 1910. Contista, tradutor, comediógrafo. Escreveu *O Mambembe* em colaboração com Arthur Azevedo e, com Arthur Guimarães, as seguintes comédias: *O Desfalque* (1906), *Snobs & Rowers* (1906), *O Desforço* (1908), *O Destino* (1909), *O Avô* etc., além de traduções, revistas e reduções.

HENRIQUE PONGETTI

Nascido em Juiz de Fora (Minas Gerais), de origem italiana, em 1898, falecido no Rio de Janeiro em 1979. Jornalista e ensaísta, foi diretor do Serviço Nacional de Teatro. Textos dramáticos: *História de Carlitos* (1933), *Manequim* (1951), *Os Maridos Avisam Sempre* (1953), *Uma Loura Oxigenada, Amanhã se Não Chover* etc.; também publicou traduções e em revistas.

PORTO-ALEGRE

(Manuel de Araújo Porto-Alegre, Barão de Santo Ângelo). Nascido em Rio Pardo (Rio Grande do Sul), em 1806, falecido na cidade de Lisboa no ano de 1879. Pintor, poeta, arquiteto, diplomata, cenógrafo. Textos dramáticos: *Prólogo Dramático* (1837), *Angélica e Firmino* (1845), *A Estátua Amazônica* (1851), *O Prestígio da Lei* (1859), *Os Lobisomens* (1863), *A Escrava* (1863), *O Rei dos Mendigos* (1866), *Os Voluntários da Pátria* (1877); também trabalhou em traduções e libretos.

CLÔ PRADO

(Clotilde Pereira Prado). Escritora contemporânea, residente na cidade de São Paulo. Textos dramáticos: *A Porta* (1951), *Diálogo de Surdos* (1952), *Virtude e Circunstância* (1953), *Tempestade de Verão* (1954), *Milôca* (1955), *Chegou o Momento Querida* etc.

EDGARD DA ROCHA MIRANDA

Dramaturgo contemporâneo, reside atualmente no Rio de Janeiro. Textos dramáticos: *Não Sou Eu* (1947), *Para Onde a Terra Cresce* (1952), *E o Noroeste Soprou* (1954).

NELSON RODRIGUES
Nascido em Pernambuco no ano de 1912, falecido no Rio de Janeiro em 1980. Romancista, jornalista, dramaturgo. Textos dramáticos: *A Mulher sem Pecado* (1939), *Vestido de Noiva* (1943), *Álbum de Família* (1945), *Anjo Negro* (1946), *Doroteia* (1949), *A Valsa n. 6* (1951), *A Falecida* (1952), *Senhora dos Afogados* (1954), *Perdoa-me por me Traíres* (1956), *Os Sete Gatinhos* (1959), *Boca de Ouro* (1960).

NORBERTO SILVA
(Joaquim Norberto de Souza Silva). Nascido no Rio de Janeiro em 1820, falecido em Niterói no ano de 1891. Poeta e historiógrafo. Textos dramáticos: *Amador Bueno ou a Fidelidade Paulistana* (1846), *Clitemnestra, Tainha de Micenas* (1846); e ainda diversas traduções e dois libretos de ópera.

SILVEIRA SAMPAIO
(José da Silveira Sampaio). Nascido no Rio de Janeiro em 1914, falecido na mesma cidade em 1964. Médico, ator, autor, diretor, empresário. Textos dramáticos: *Futebol em Família* (1931), *Reginaldo Costureiro* (1934), *A Inconveniência de Ser Esposa* (1947), *Um Homem Magro Entra em Cena* (1948), *Da Necessidade de Ser Polígamo* (1949), *Paz Entre os Bichos de Boa Vontade* (1949), *A Garçonnière de Meu Marido* (1949), *O Impacto* (1950), *Só o Faraó Tem Alma* (1950), *Flagrantes do Rio n. 1* (1951), *Deu Freud Contra* (1952), *Flagrantes do Rio n. 2* (1952), *O Cavalheiro sem Camélias* (1953), *Sua Excelência em 26 Poses* (1954), *No País dos Cadillacs* (1955).

CLÁUDIO DE SOUZA
(Cláudio Justiniano de Souza). Nascido em São Roque (São Paulo) no ano de 1876, falecido no Rio de Janeiro em 1954. Médico, romancista, ensaísta, conferencista. Textos dramáticos: *Mata-a ou Ela te Matará* (1896), *Eu Arranjo Tudo* (1915), *Flores de Sombra* (1916), *O Assustado das Pedrosas* (1917), *Um Homem que Dá Azar* (1918), *Outono e Primavera* (1918), *O Turbilhão* (1920), *A Jangada* (1920), *As Sensitivas* (1920), *A Renúncia* (1921), *Os Bonecos Articulados* (1921), *O Exemplo de Papai* (1921), *O Milhafre* (1921), *Uma Tarde de Maio* (1921), *O Galho Seco* (1922), *O Conto do Mineiro* (1923), *A Escola de Mentira* (1923), *A Matilha* (1924), *A Arte de Seduzir* (1927), *Os Mestres do Amor* (1928), *O Que Não Existe* (1928), *Os Arranha-Céus* (1929), *Rosas de Espanha* (1930), *O Grande Cirurgião*

(1933), *Papai, Mamãe, Vovó* (1933), *O Marido Surrado e Contente* (1935), *Um Esposo Racional* (1935), *Fascinação* (1936); traduziu algumas obras do francês.

ARIANO SUASSUNA
Dramaturgo contemporâneo, nascido no Recife (Pernambuco) em 1920. Textos dramáticos: *O Arco Desolado* (1954), *Auto da Compadecida* (1956), *O Casamento Suspeitoso* (1957), *Auto de João da Cruz* (1958), *O Santo e a Porca* (1958).

TEIXEIRA E SOUZA
(Antônio Gonçalves Teixeira e Souza). Nascido em Cabo Frio (Rio de Janeiro) no ano de 1812, falecido na cidade do Rio de Janeiro em 1861. Trabalhador, seminarista, finalmente patrão de uma estamparia. Textos dramáticos: *Cornélia* (1847), *O Cavaleiro Teutônico ou a Freira de Marienburg* (1855); traduções.

GASTÃO TOJEIRO
(Gastão Manhaes Tojeiro). Nascido no Rio de Janeiro em 1880, falecido na mesma cidade em 1965. Autor de mais de cem comédias, incluindo: *As Abras do Porto* (1904); *A Mão Negra* (1910); *Onde Canta o Sabiá* (1921); *O Filho do Rei do Prego* (1932); *O Tenente Sedutor* (1938); *As "Fans" de Robert Taylor* (1941); *Sai da Porta, Deolinda* (1943); *Solteira é que Eu Não Fico* (1943); *A Tal que Entrou no Escuro* (1952); *Minha Sogra é da Polícia* (1952); *O Vasco Ganha Sempre*, *A Pensão de Dona Estela* etc.

PAULO DO VALE
(Paulo Antônio do Vale). Nascido em São Paulo, no ano de 1824, falecendo na mesma cidade em 1886. Professor, poeta, historiógrafo, jornalista. Textos dramáticos: *Amador Bueno* (1842), *Caetaninho ou o Tempo Colonial* (1849), *O Capitão Leme ou a Palavra de Honra* (1851), *O Munda à Parte* (1858), *As Feiras de Pilatos* (1862).

ODUVALDO VIANNA
Nascido em São Paulo no ano de 1892, falecido no Rio de Janeiro, em 1972. Diretor teatral e cinematográfico, autor radiofônico, empresário. Textos dramáticos: *Ordenança do Coronel* (1917), *Amigos de Infância* (1917), *Terra Natal* (1919), *A Vida é um Sonho* (1921), *Castanharo da Festa* (1927), *Vendedor de Ilusão* (1930), *Fruto Proibido* (1927), *Mas que Mulher!* (1932); *Segredo* (1932), *Amor* (1934),

Canção da Felicidade (com Cleômenes Campos, 1934); *Feitiço* (1938), *Manhãs de Sol* (1941).

ODUVALDO VIANNA FILHO
Nascido em São Paulo no ano de 1936, falecido na mesma cidade em 1974. Autor e ator. Textos dramáticos: *Bilbao, Via Copacabana* (1957), *Chapetuba F.C.* (1958).

RENATO VIANNA
Nascido no Rio de Janeiro em 1894, morto na mesma cidade em 1953. Ator, autor, diretor, fundador de diversos movimentos na polêmica teatral, diretor da Escola de Arte Dramática. Textos dramáticos: *Voragem* (1919), *Salomé* (1920), *A Última Encarnação de Fausto* (1922), *Fantasma* (1929), *Divino Perfume* (1931), *Sexo* (1934), *Deus* (1934), *Jesus Bate às Portas* (1948), *Fogueira da Carne*, *O Homem Silencioso dos Olhos de Vidro*, *Mona Lisa* etc.

MARIA WANDERLEY
Autora de contos, jornalista, dirige a Escola de Teatro do Pen Club. Textos dramáticos: *Madalena e Salomé* (1948), *Mulher sem Rosto* (1951), *A Cartomante* (1954), *Davi o Rei*, *A Maldição de Agar* etc.

Teatro Italiano no Brasil

Quanto ao repertório, o século XVIII foi singularmente rico em dramaturgia italiana: Goldoni, Metastasio, Maffei. No século XIX, após a primeira fase em que algumas das tragédias de Alfieri e Monti foram recitadas, o repertório italiano começou a ficar mais escasso nos cartazes das companhias teatrais (com raras exceções: Torelli, Giacometti). No século XX, a dramaturgia italiana ocupou um lugar importante no teatro brasileiro. No período de 1910-1930, vemos obras de Bracco, Niccodemi, Chiarelli, Lopez, Fraccaroli, Zambaldi e vários outros; esta fase culminaria na revelação de Pirandello, por iniciativa de Álvaro Moreyra (*Il piacere dell'onestá,* no Brasil, *O Prazer da Honestidade*) e, em seguida, de Jaime Costa (*Così è* [*Se vi pare*] traduzido por Abadie Faria Rosa como *Pois é Isso*). O repertório italiano desaparece novamente no período de 1937 a 1945, para retornar depois da guerra. Elegemos os espetáculos mais relevantes de textos italianos nos últimos anos:

1947 *Nostra Dea* (Nossa Deusa) de Bontempelli, trad. Mário da Silva, direção Esther Leão, com Alma Flora; *La vena d'oro* (O Veio de Ouro) de Zirzi, trad. e direção Mario Brasini, com Artistas do Povo; *La figlia di Iorio* (A Filha de Iório) de D'Annunzio, trad. Maria Jacintha, direção Dulcina de Morais.

1948 *L'ippocampo* de Pugliese (com Dulcina), *Non è vero ma ci credo* (Mentira, Mas Acredito) de De Filippo (com Alda Garrido), *Gli addii* (Sonata a Quatro Mãos), de Cantini (comp. Maria Della Costa), *Trenta secondi d'amore* (Trinta Segundos de Amor) de De Benedetti (com Alda Garrido), todas traduções de R. Magalhães Junior e Ruggero Jacobbi; *Questi fantasmi* (O Grande Fantasma) de Eduardo, trad. Mário da Silva, direção Jacobbi, com Procópio; *Vestire gli ignudi* (Vestir os Nus) de Pirandello, trad. Tindaro Goudinho, direção Ziembinski.

1949 *Filumena Marturano*, trad. Mário da Silva, com Jaime Costa; *Arlecchino servo di due padroni* (Arlequeim, Servidor de Dois Amor), de Goldoni, trad. e direção Jacobbi, Teatro dos Doze com Sérgio Cardoso; *Il bugiardo* (O Mentiroso), de Goldoni, trad. e direção Jacobbi, TBC com Sérgio Cardoso.

1951 *Sei personaggi* (Seis Personagens à Procura de um Autor), de Pirandello, trad. Brutus Pedreira, direção Adolfo Celi, TBC com Cacilda Becker e Sérgio Cardoso.

1952 *Corruzione al palazzo di giustizia* (Corrupção no Palácio de Justiça), de Betti, trad. e direção de Evaristo Ribeiro, representado por estudantes da Faculdade de Direito de São Paulo.

1953 *Delitto all'isola delle capre* (Homicídio na Ilha das Cabras) de Betti, trad. Werneck, direção Rubens Petrilli, com Delmiro Gonçalves; *Così è (se vi pare)*, de Pirandello, trad. Brutus Pereira como *Assim É... (se lhe Parece)*, direção Adolfo Celi, TBC, com Cleyde Yáconis e Paulo Autran.

1954 *La figlia di Iorio* (A Filha de Iório) de D'Annunzio, trad. Maria Jacintha, direção Jacobbi, com Cacilda Becker e Sérgio Cardoso. *Lotta fino all'alba* (Luta até o Amanhecer), de Ugo Betti, trad. e direção de Civelli, Teatro de Segunda. *Il piacere dell'onestà* (O Prazer da Honestidade) de Pirandello, idem, trad. Alvaro Moreyra.

1955 *La locandiera* (Mirandolina) de Goldoni, trad. e direção Jacobbi, comp. Maria Della Costa; *Il seduttore* (O Sedutor), de Fabbri, trad. Jacobbi, direção Kusnet, TBC; *Non si sa come* (Não se Sabe Como), de Pirandello, trad. Jacobbi, direção José Renato, Teatro de Arena; *L'isola dei pappagalli* (A Ilha dos Papagaios) de Tofano, trad. Jacobbi, direção Gianni Ratto, comp. Maria Della Costa.

1956 *La vedova scaltra* (A Viúva Astuciosa) de Goldoni, trad. Mário da Silva, direção Celi, com Tônia Carrero.

1957 *La Regina e gli insorti* (A Rainha e os Rebeldes), de Betti, trad. Jacobbi, direção Vaneau, TBC com Cleyde Yáconis. *Enrico IV* (Henrique IV) de Pirandello, trad. Brutus Pedreira, direção Jacobbi, com Sérgio Cardoso.

1958 *Processo a Gesù* (O Processo de Jesus) de Fabbri, direção Dulcina, representado por alunos da Fundação Brasileira de Teatro; *Vestire gli ignudi* (Vestindo os Nus) de Pirandello, trad. Jacobbi, direção D'Aversa, TBC com Fernanda Montenegro.

1959 *D'amore si muore* (Quando se Morre o Amor), de Patroni Griffi, trad. Jacobbi, direção Alberto D'Aversa, TBC; *Processo di famiglia* (Julgamento de Família), de Fabbri, Teatro do Rio; *Il Corvo* (O Corvo), de Carlo Gozzi, trad. e direção de Jacobbi, representado por alunos do curso de Estudantes de Teatro da Universidade de Porto Alegre.

Quanto às turnês das companhias teatrais italianas, já assinalamos as principais do século XIX e das primeiras décadas do século XX, além das quais podemos citar, pelo menos: Giovanni Grasso, Ruggero Ruggeri, Emma Gramatica, Giulio Donadio e, especialmente, pela memória e influência exercidas sobre as diferentes fases do teatro moderno brasileiro, a companhia Niccodemi, dirigida por Virgílio Talli; a companhia de A. G. Bragaglia, com Renzo Ricci e Paola Borboni e a companhia de Pirandello, com Marta Abba e Lamberto Picasso.

No período do pós-guerra, as principais excursões no Brasil foram feitas pelas companhias Torrieri-Carraro, dirigida por Giulio Pacuvio (1948); Ruggero Ruggeri (1949); a companhia Vittorio Gassmann, dirigida por Luigi Squarzina, com Elena Zareschi e Diana Torrieri (1951); o Piccolo

Teatro di Milano (1954); a companhia Ricci-Magni-Proclemer-Albertazzi, com direção de Enriquez e De Bosio (1955); Peppino de Filippo (1956); De Lullo-Falk-Guarnieri-Valli (1957); Teatro Stabile da cidade de Gênova, com direção de Fersen, Squarzina e Salerno (1958); Teatro Stabile da cidade de Turim, dirigida por De Bosio (1960).
Finalmente, devemos mencionar os diretores e cenógrafos italianos que contribuíram para a *renovação* brasileira, de 1947 até hoje. No campo da cenografia, vêm se destacando de forma excepcional: Aldo Calvo, Tullio Costa, Gianni Ratto, Mauro Francini, Bassano Vaccarini e a figurinista Luciana Petruccelli.

No campo da direção teatral, recordaremos os seguintes nomes:

ADOLFO CELI
Dirigiu o TBC desde sua fundação, ou seja, de 1948 até 1955. É considerado o "número um" entre os diretores que atuaram no Brasil. Encenou, entre outros, *Seis Personagens à Procura de um Autor*, de Pirandello, *Entre Quatro Paredes*, de Sartre, *Antígona*, de Sófocles e de Anouilh, *Assim É, se lhe Parece*, de Pirandello, *Nick Bar*, de Saroyan. Dirigiu dois filmes. Em 1956 fundou uma companhia dramática no Rio de Janeiro, na qual dirigiu *Otelo*, *A Viúva Astuciosa*, e mais outros trabalhos, muito aplaudidos.

LUCIANO SALCE
Contratado do TBC, onde trabalhou de 1950 a 1954. Realizou um dos melhores espetáculos deste teatro, *O Anjo de Pedra* (Summer and Smoke), de Tennesse Williams, além de outras direções importantes, como *A Dama das Camélias*, de Dumas Filho, com Cacilda Becker. Dirigiu dois dos melhores filmes brasileiros e, ainda, diversos outros trabalhos na televisão.

FLAMINIO BOLLINI
No TBC de 1951 a 1954. Diversas encenações importantes: *Ralé*, de Górki, *Mortos sem Sepultura*, de Sartre, etc. Fez um filme. Depois foi para o Teatro Popular de Arte (TPA), onde dirigiu, com Maria Della Costa, *A Casa de Bernarda Alba*, de Garcia Lorca, *A Rosa Tatuada*,

de Tennessee Williams e finalmente *A Alma Boa de Set-Suan*, de Brecht, espetáculo que teve grande repercussão. Uma direção de ópera lírica: *Os Contos de Hofmann*.

ALBERTO D'AVERSA

No TBC de 1957 até 1959. Professor da Escola de Arte Dramática de São Paulo. Principais encenações: *Um Panorama da Ponte*, de Miller, *Senhorita Júlia*, de Strindberg, *Os Interesses Criados*, de Benavente. Com os alunos da Escola, dirigiu *A Família do Antiquário*, de Goldoni e *Pentesilea* de Kleist. Recentemente encenou *Mãe Coragem*, de Brecht.

RUGGERO JACOBBI

Desde 1946 no Brasil. Estreou com *Estrada do Tabaco*. Já dirigiu quase todas as companhias dramáticas. Entre as encenações: *Arlequim, Servidor de Dois Patrões, O Mentiroso, Mirandolina*, de Goldoni; *Henrique IV*, de Pirandello; *A Filha de Iório*, de D'Annunzio; *A Desconhecida de Arras*, de Salacrou; *Tragédia em New York*, de Maxwell Anderson; *Electra e os Fantasmas*, de O'Neill. Foi diretor de uma estação de televisão e de três filmes. Crítico teatral de vários jornais, crítico de literatura italiana por *O Estado de S.Paulo*. Publicou dois livros em português, sobre assuntos teatrais. Professor da Escola de Arte Dramática de S. Paulo e do Conservatório Dramático e Musical dessa mesma cidade. Muitas encenações líricas, incluindo *Don Giovanni*, de Mozart. Em 1958 e 1959 fundou e foi diretor do Curso de Estudos Teatrais da Universidade de Porto Alegre. Também organizou uma companhia, o Teatro do Sul, com Daisy Santana, apresentando mais um trabalho seu, *O Outro Lado do Rio*. Uma segunda peça de sua autoria, *Ifigênia*, foi publicada em 1960, pela revista *Anhembi*.

GIANNI RATTO

Diretor do TPA de Maria Della Costa, nos anos 1954 e 1955. Encenou, com grande sucesso, *O Canto da Cotovia*, de Anouilh, *A Moratória*, de Jorge Andrade, entre outros. Passou pelo TBC, onde dirigiu *Eurídice* de Anouilh e *Nossa Vida com Papai*. Mudou-se para o Rio, onde foi diretor do Teatro Nacional de Comédia. Atualmente dirige o Teatro dos Sete, que estreou triunfalmente com a peça *O Mambembe*, de Arthur Azevedo. Uma direção lírica: *Zazà*, de Leoncavallo. Vários trabalhos como cenógrafo. Professor da Escola de Arte Dramática de São Paulo, e, sucessivamente, da Universidade da Bahia.

Aqui, a data em que Jacobbi encerra a sua narrativa não permite completar o assunto com uma simples nota. A contribuição de cenógrafos, figurinistas, roteiristas e principalmente diretores italianos na *renovação* paulista da década de 1950 e 60 foi tão intensa que chegou a configurar um caso de migração intelectual, movida pela ambição de transplantar um projeto de teatro moderno elaborado na Itália (que reconstruía seu mercado teatral, após a Segunda Guerra, sobre bases ainda artesanais e associativas) para o mercado da indústria do espetáculo, já massiva no Brasil na década de 1950. Entre sucessos e decepções, uma herança contestada e invenções desperdiçadas, o episódio mostra como, dentro do discurso hegemônico, estes artistas buscavam possíveis modernidades "alternativas", soluções para "entrar e sair" do projeto moderno que, como qualquer processo de aculturação, é marcado por sua reversibilidade. Quase todos estes artistas, por diversas razões pessoais e profissionais, seguiram o caminho de Jacobbi e voltaram à Itália ao fim da década de 1960. Ver *A Quinta Coluna: A Geração dos Diretores Italianos na "Renovação" do Teatro Brasileiro*, de Alessandra Vannucci, em vias de publicação por esta editora.

POSFÁCIO:
RUGGERO JACOBBI

Por muito tempo de sua vida, Ruggero Jacobbi pensou que era "alguém de passagem, alguém provisório" no teatro. Vindo das letras, da estética filosófica, do interesse por cinema, ele demorou a se reconhecer no mundo das coxias, dos atores e das expectativas do público. Mundo, de qualquer modo, sempre estranhável. Foi, entretanto, graças a essa atitude de inadaptação, no que ela tem de recusa às eternizações (tendência que atuava nele como uma qualidade distanciadora das coisas prontas), que Jacobbi contribuiu – talvez mais do que ninguém – para a radicalização crítica do moderno teatro brasileiro.

Sobre a dimensão prática de seu trabalho modernista, ao mesmo tempo uma formação e uma desestabilização de padrões artísticos, dão testemunho alguns acontecimentos de sua estada no Brasil: a colaboração com o Teatro Popular de Arte, a saída do TBC em virtude da censura estética e política à encenação de *A Ronda dos Malandros*, ou o papel decisivo nos rumos do Teatro de Arena, através da influência sobre Vianinha e Guarnieri. E mesmo do Oficina, por meio de Fernando Peixoto.

Por trás de tantos acontecimentos, um efeito: a *desorientação* da tendência ao aburguesamento traçada para o moderno teatro brasileiro caso se tornasse hegemônico o modelo franco-italiano da cena do TBC, apoiado pela melhor crítica da época. Mesmo em relação ao importante trabalho histórico de seus pares (Jacobbi era amigo fraterno de Décio e nunca deixou de falar bem de Zampari), ele parecia atuar como se fosse sempre o mais estrangeiro de todos: alemão politizado ou inglês oitocentista, quando perto de seus compatriotas italianos e, paradoxalmente, mais "brasileiro" quando ao lado dos colegas da imprensa nacional.

Não foi pequeno seu esforço para corrigir os rumos de uma modernização que punha de lado seu passado local e que – ao anular a própria historicidade – assumia um comportamento pouco modernista. Modernização teatral sem atitude modernista, que não sabia extrair seu futuro da "ida ao povo" de que falavam Mário de Andrade e Gramsci.

Em sua impermanência deliberada, Jacobbi nunca abandonou a idéia de que a arte deve ser feita no meio das pessoas comuns. Nunca deixou de pensar o teatro como o "poema que desce à rua" porque dela provém.

Ao fim das contas, a condição de sujeito passageiro não era do jovem intelectual, mas do próprio teatro. E seus escritos sabem pagar risonhamente o preço dessa afinidade profunda.

Entre a Teoria e a Prática

Na leitura atual desse conjunto de apontamentos publicado em *Teatro no Brasil* (livro que redobra a força se lido ao lado de *Crítica da Razão Teatral*, também organizado por Alessandra Vannucci), percebe-se que Jacobbi não teve tempo, condições ou interesse em constituir uma obra acabada. As atividades pedagógicas e artísticas ditavam as necessidades de suas elaborações teóricas.

Ao mesmo tempo, reconhecia a importância de um repertório literário assentado e independente em relação à efemeridade da cena. E o que vale para a dramaturgia, vale para a crítica. Sua saudação irônica ao aparecimento do autor nacional, na figura de Jorge de Andrade, mostra que algum cânone literário lhe parecia necessário, mesmo que como referência transitória. Uma peça como *A Moratória* seria assim um "resultado capaz de garantir a permanência e de definir o sentido" de um movimento teatral.

Teria de ser, então, contraditória a razão com que ele condenava excessos teatralistas de um Bragaglia: não por seu desapego ao texto, mas pela incapacidade do mestre em amar o que deveria ser o fundamento da cena, a atuação.

O problema, para Jacobbi, surgia quando a cena teatral se enxergava como absoluta, fechada em si mesma, incapaz de dar forma à impureza da vida e ao prazer da alteridade que definem o teatro.

Nesse trânsito, o ocasional argumento textocêntrico encontrável em seus escritos vem para corrigir excessos: pode ser lido também como admiração pela cena viva dos atores que atuam no tempo presente do palco (cujo modelo extremo são os improvisadores da *Commedia dell'Arte*) e serve como elemento de síntese no sentido daquela que acabou sendo sua maior tarefa no teatro: organizar movimentos, converter sonhos em planos.

Quanto a sua obra teórica no Brasil, não houve tempo de sedimentação diante de um processo histórico tão intenso. Era como se o mais importante estivesse adiante, devendo ser feito por outros, restando a Jacobbi preparar o caminho, de modo lúcido, cronístico, objetivante apenas segundo as necessidades de uma geração com o qual de fato conversava.

Por força de seu pensamento límpido e clareza de gosto, e da vibração claramente pedagógica do seu trabalho ("sempre fui um crítico professoral"), seus escritos continuam imprescindíveis, enquanto sua inestimável atuação prática, com o passar dos anos, se tornou de difícil aferição.

Nesses sinais brilhantes formulados em obras como *Teatro no Brasil*, não há dúvida que a dialética entre acabamento e inacabamento não se devia só à dificuldade das condições reais, mas era antes de tudo um *gosto*. "Como sempre, resultado é morte", escreveu certa vez ao observar o esforço de seus companheiros artistas de Milão.

Todos seus escritos teóricos são documentos mais poéticos do que críticos, em que a literatura e a cena se interpenetram: o teatrólogo não apenas dialoga com o artesão do teatro, mas assume sua posição (contradição lindamente expressa na palestra sobre Bragaglia), sempre em movimento.

Contra a Arte Absoluta

É por pensar que o diretor de cena deve ser antes de tudo um crítico, e que o crítico deve ser poeta – que Jacobbi pode desmontar com tanta franqueza as ideologias da arte absoluta, que ontem como hoje correm em nosso meio.

Menosprezava, divertido, o intelectualismo dos artistas esnobes que "vivem com a boca cheia da palavra *arte*". Justo ele, cultíssimo e que sabia apreciar de modo apaixonado as realizações estéticas mais-que-perfeitas, é que não esquecia dos maquinistas e costureiras do teatro.

Sua "alergia a toda metafísica" se aguçava quando notava que o idealismo logo revela o lado de autoritarismo, normatividade e tecnicismo, a serviço de entupir o crânio alheio de noções falsas. Ideologia, para ele, é o que afasta a inteligência daquilo que deve ser um de seus aspectos centrais, a "liberdade imaginativa e criadora".

Tamanha recusa ao esteticismo, que se renovou no mundo da cultura a partir da década de 50 (pintura pura, abstracionismo, etc.), contém a visão de que o hermetismo é moeda de classe. Daí o combate à crença elitista de que uma arte antipopular está mais preservada dos ditames do mundo mercantil.

De outro ângulo, ele observava que todo fetichismo que se julga revolucionário tem dificuldades em sublimar a melancolia do isolamento. Se comparada ao primeiro modernismo, a "vanguarda de hoje é tristonha, desanimada, azeda e (no máximo) cínica. A componente libertária se tornou niilista e vagamente mística". O culto ao teatralismo (hoje performatismo), em sua versão pós-moderna – esboçada já a partir daquela década – entra no mesmo rol das mistificações absolutistas.

O modernismo que interessava a Jacobbi, portanto, seria aquele capaz de se tornar alegria coletiva, participação igualitária e consciente, o que permanece sempre um projeto simbólico, a um tempo negativo e positivo, cuja realização plena depende de um mundo melhor fora do teatro.

Movimentos do Nacional-Popular

A aproximação de Ruggero Jacobbi do pensamento nacional-popular é muito peculiar e antidogmática. O parâmetro não é normativo e parece se referir a um processo reflexivo: um teatro brasileiro e popular deve negar a reprodução ideológica contida na própria idéia de arte. E fazer do trato com a linguagem um trabalho de vida.

Como outros que o precederam – penso em Alcântara Machado e tantos de nós – Jacobbi chegou ao teatro porque sentiu a necessidade de "ser tudo". E o teatro estava lá, anacrônico, pedindo a ele que fosse, heterodoxamente, tudo.

Em meio a tantas contradições – entre o nacional e o estrangeiro, entre a letra e a cena – não será difícil encontrar em sua história o mesmo eco hamletiano de alguém que foi um quase discípulo, Augusto Boal: ser e não ser artista.

O homem de arte vale a pena ao recusar a identidade dada pela especialização em seu campo. Deve, a rigor, ser outra coisa: espectador, vendedor, operário etc. Só é digno do “sortilégio do nome” o artista que rompe com os circuitos fechados dos acostumados a reconhecer como coletividade “o grupinho social ou cultural ao qual pertencem”, sem contato com a vida pública real, com os mundos do trabalho.

Nenhuma vontade de instrumentalização há em sua afirmativa de que “na idéia de nacional-popular se resume a mais alta realidade da cena contemporânea”. Pensava em Jean Vilar, na descentralização ocorrida no teatro francês do período, movimento de teatros em periferias que lhe parecia exemplar. É evidente que era um homem de esquerda, inconformado com o imperialismo intelectual. Mas surge aí algo mais, um aspecto que não se refere à disseminação da cultura. A capacidade crítica de uma arte nacional-popular, nos termos de Jacobbi, emana da sua voz formal antiburguesa, sedimentada ao longo de séculos de luta de classes. Muito de sua admiração por Brecht nasce da constatação de que o alemão se valia de formas pré-burguesas ou orientais na medida em que elas são anti-idealistas. Jacobbi gostava do gênero mais grosso dentre as comédias: “A farsa é uma perene lição de materialismo. É um mundo onde a literatura romântica não conseguiu penetrar. Renega as ideologias. Destrói as superestruturas. [...]. É um caso de materialismo bruto, sem dialética nem psicologia.”

Mesmo sem atingir o patamar de uma dialética complexa, temos aí um modelo para uma disposição mais “humanística e proletária” da arte atual, contribuindo para expansões “típicas das comunicações coletivas”.

O conhecimento dos gêneros literários – entre outras tradições teatrais aristocráticas que hoje só seguem como norma no mundo da mercadoria – pode ajudar a que o presente seja visto com novos olhos: serve de referenciamento historicizante, desde que a representação burguesa seja considerada em sua transitoriedade.

A crítica dialética deve incidir lá e cá, no passado e no presente. É curioso como em várias ocasiões Jacobbi se refere aos artistas de hoje como “os últimos burgueses sobre a terra”. Ao se incluir com ironia nesse grupo cultural (não de classe), tem em mente uma dependência constitutiva da tradição racional do Ocidente, e a necessidade de compreendê-la em movimento.

Mesmo o mais vanguardista dos espetáculos dialoga com expectativas e padrões culturais. "O espetáculo vive no efêmero, mas exige do observador a participação naquele fenômeno indescritível que é a tradição."

Para além do fato de que qualquer presença teatral contém um passado e de que as tradições são móveis, Jacobbi observa que a questão central do Drama moderno depende da historicização dos enunciados burgueses. De Ibsen para frente, a dramaturgia moderna, em temas ou formas, é a da crise dos "últimos burgueses": criaturas espectrais, já fora do presente ou animalizadas, em luta mais ou menos consciente contra si próprios, gastando-se num "vago iluminismo".

Foi esse o valor que reconheceu – antes de qualquer outro crítico – no trabalho de Jorge Andrade: uma peça como *A Moratória* precisa ser avaliada como um salto qualitativo diante das tendências dominantes da dramaturgia brasileira do Século XX. Num primeiro nível, pelas dificuldades crônicas de se fazer teatro no país, que devem redimensionar a régua do crítico local em qualquer exame histórico:

> É sempre difícil julgar, na história da dramaturgia brasileira, os verdadeiros méritos dos escritores, conformadas ou inconformadas vítimas de um mundo teatral muito primário, cheio de pequenas exigências extra-artísticas, e sempre inferior (ao menos até 1940) ao nível médio da cultura e literatura nacionais.

Mas a capacidade de Andrade não contrasta com a mediocridade do meio num momento de avanços na cena. Seus méritos, ao contrário, decorrem de uma recusa a só abastecer o novo aparato. Para o senso de "verdade em arte" de Jacobbi, ele deve ser posto à frente do semiexpressionismo tardio de um Nelson Rodrigues, que na maioria das vezes preferiu se valer de uma "novidade técnica mais vistosa que substancial".

Todo autor teatral brasileiro se esbarra com a dificuldade de ter sido moldado por uma tradição intelectual importada, num país de aburguesamento contraditório e oscilante. Alguns dos modelos hegemônicos trazidos para cá tinham mais correspondência com alguns desejos de elite do que com a realidade material de nossa sociabilidade. Ao dar mais atenção à vida social do que ao efeito técnico, Jorge Andrade conseguiu se enquadrar na "situação histórica e estética da poesia dramática universal deste pós-guerra": justamente porque não se furta à "confissão franca e melancólica, das contradições interiores determinadas por nossa condição de últimos burgueses sobre a terra".

Na concepção de Jacobbi, o dever do artista moderno não é produzir o anticonvencional, mas sim criar uma convenção nova que sirva à modificação da própria condição. É o que destaca e admira em Brecht: sua inversão, não a recusa, dos modos dramáticos tradicionais. Num movimento que só poderá ser experimental.

A vitalidade do Piccolo e de Giorgio Strehler, para ele, existia graças à "fidelidade ao destino de experimentador", o que constituía um estado amoroso de recusa à reprodutibilidade da eficácia mercantil. A experimentação não como ode ao tecnicismo, mas como ligação umbilical à atividade dos artistas amadores, sem a qual não existe um grande teatro.

Tenho cá para mim que o mito de que Ruggero Jacobbi não era um bom diretor teatral, considerado "preguiçoso na direção dos atores" (ouvi a frase de Antunes Filho, que muito admira o amigo Jacobbi como poeta) reflete uma incompreensão sobre seu curioso experimentalismo. Acredito que ele detestava uniformizações de qualquer tipo, realistas ou estilizadas. Considerava um indício de tacanhice o nivelamento formal do elenco, a sujeição da variedade humana do grupo a uma estratégia de efeitos teatrais: "Os espetáculos arrumadinhos demonstram, em geral, certa covardia intelectual ou certa *coquetterie*, igualmente condenáveis." Ele estava interessado na arte popular como passagem para uma cultura popular, capaz de criticar a dimensão de classe de seu legado burguês.

Historicidade Concreta

Talvez só Anatol Rosenfeld, entre os homens de teatro que aqui viveram, travaram, como Jacobbi, uma luta tão animada e persistente contra as mistificações intelectuais, os esoterismos de classe, os romantismos tardios. Para ambos, o valor da racionalidade dialética se mede por sua utilidade na vida de pessoas de carne e osso.

De modo mais prático, a orientação coletivizante de Jacobbi é o que justifica sua insistência na desmontagem das abstrações ideologizantes: "É no ponto focal da historicidade concreta que se origina a consciência, e mesmo a consciência estética." Foi neste amplo arranjo de coordenadas contraditórias, portanto, que ele trabalhou para compreender e desaburguesar o teatro no Brasil. Num país em que "não houve Kant, não houve Hegel", em que a racionalidade é considerada um defeito entre os artistas, em que a produção cultural é ditada pelos "instintivos, pela religião da bossa e pela auto-suficiência dos gênios", seu combate –atualíssimo – às mitologias do informe só soará anacrônico àqueles que se locupletam no nosso sistema de favores culturais e preferem negociar a "tentação da eternidade".

Na contramão da metafísica da cultura, seu trabalho é uma fonte de produtivo inconformismo inteligente: "não é porque certas modalidades de raciocínio fracassaram, que se pode proclamar automaticamente o malogro da razão."

Seu interesse pelo Século XVIII surge, assim, antirromântico, libertário, em revolução permanente, voltado a uma prática da dialética da história. Jacobbi olha para a nossa história teatral com a simpatia de quem sabe que a mais "intensa e extremada" crítica histórica é feita na encenação de uma peça. Essa aproximação afetiva do teatro, que nenhum outro crítico moderno soube ter, segue como um modelo para os dias de hoje. Se é verdade que no Brasil "o romantismo veio antes da razão e tornou-se categoria avassaladora do senso estético", é também verdade que um "iluminismo *a posteriori*" gera "manifestações que não podem deixar de ser paradoxais e fantásticas". E é preciso olhar para os que ficaram fora dessa estrada em movimento, entre os quais os velhos artistas mambembes do passado.

Ruggero Jacobbi pressentiu no teatro – este lugar de todos os lugares – a sua condição de passagem. Fez, em tão pouco tempo, tantas coisas bonitas ao escolher atuar na perspectiva de uma totalidade de sonho. Não teve medo da fragilização atribuída a esse ângulo. Fez o que pôde pela melhoria do teatro brasileiro com os meios que estavam – e não estavam – ao seu alcance. Abriu tantos caminhos, hoje históricos, porque o artista humanizava o crítico (nunca reduzia a obra ao esquema teórico, mas alargava ou explodia o esquema para dialogar com *pessoas*). Mas também fez o contrário: sua racionalidade se compreendia como poesia, não para invocar o demônio da analogia ou exibir a linguagem, mas para aprofundar o pensamento. Era de fato um poeta. Praticava, em todo lado, a poesia no que ela tem de mais livre: "a disposição permanente para a revolta".

Sérgio de Carvalho
Jornalista, professor da USP, diretor
e dramaturgo da Companhia do Latão

TEATRO NA DEBATES

O Sentido e a Máscara
Gerd A. Bornheim (D008)

A Tragédia Grega
Albin Lesky (D032)

Maiakóvski e o Teatro de Vanguarda
Angelo M. Ripellino (D042)

O Teatro e sua Realidade
Bernard Dort (D127)

Semiologia do Teatro
J. Guinsburg, J. T. Coelho Netto e Reni C. Cardoso (orgs.) (D138)

Teatro Moderno
Anatol Rosenfeld (D153)

O Teatro Ontem e Hoje
Célia Berrettini (D166)

Oficina: Do Teatro ao Te-Ato
Armando S. da Silva (D175)

O Mito e o Herói no Moderno Teatro Brasileiro
Anatol Rosenfeld (D179)

Natureza e Sentido da Improvisação Teatral
Sandra Chacra (D183)

Jogos Teatrais
Ingrid D. Koudela (D189)

Stanislávski e o Teatro de Arte de Moscou
J. Guinsburg (D192)

O Teatro Épico
Anatol Rosenfeld (D193)

Exercício Findo
Décio de Almeida Prado (D199)

O Teatro Brasileiro Moderno
Décio de Almeida Prado (D211)

Qorpo-Santo: Surrealismo ou Absurdo?
Eudinyr Fraga (D212)

Performance como Linguagem
Renato Cohen (D219)

Grupo Macunaíma: Carnavalização e Mito
David George (D230)

Bunraku: Um Teatro de Bonecos
Sakae M. Giroux e Tae Suzuki (D241)

No Reino da Desigualdade
Maria Lúcia de Souza B. Pupo
(D244)

A Arte do Ator
Richard Boleslavski (D246)

Um Vôo Brechtiano
Ingrid D. Koudela (D248)

Prismas do Teatro
Anatol Rosenfeld (D256)

Teatro de Anchieta a Alencar
Décio de Almeida Prado (D261)

A Cena em Sombras
Leda Maria Martins (D267)

Texto e Jogo
Ingrid D. Koudela (D271)

O Drama Romântico Brasileiro
Décio de Almeida Prado (D273)

Para Trás e Para Frente
David Ball (D278)

Brecht na Pós-Modernidade
Ingrid D. Koudela (D281)

O Teatro É Necessário?
Denis Guénoun (D298)

O Teatro do Corpo Manifesto: Teatro Físico
Lúcia Romano (D301)

O Melodrama
Jean-Marie Thomasseau (D303)

Teatro com Meninos e Meninas de Rua
Marcia Pompeo Nogueira (D312)

O Pós-Dramático: Um Conceito Operativo?
J. Guinsburg e Sílvia Fernandes (orgs.) (D314)

Contar Histórias com o Jogo Teatral
Alessandra A. de Faria (D323)

Teatro no Brasil
Ruggero Jacobbi (D327)

Teatro Brasileiro: Ideias de uma História
J. Guinsburg e Rosangela Patriota (D329)

Este livro foi impresso na cidade de São Paulo,
nas oficinas da Markpress Brasil,
em outubro de 2012, para a Editora Perspectiva.